Más allá de modelos políticos eurocéntricos
POS-PANDEMIA CAPITALVIRUS

Para salir de la Anormalidad

Más allá de modelos políticos eurocéntricos
POS-PANDEMIA CAPITALVIRUS

Para salir de la Anormalidad

Diego Velasco

Joseph Estermann

Raúl Zibechi

Rafael Bautista

Andrés Kogan Valderrama

José Quintero Weir

Atawallpa Oviedo Freire (Editor)

2020

Más allá de modelos políticos eurocéntricos

Libro Colectivo

Atawallpa Oviedo Freire (Editor)

Ediciones Alteridad, Quito, Ecuador

Equinoccio de septiembre 2020

Primera Edición

Reservados todos los derechos

Presentación

¿Es posible pensar más allá del capitalismo y del socialismo, de derecha e izquierda? Hasta el 2008 parecía imposible, era una blasfemia que alguien se atreviera a enunciar algo diferente a los paradigmas eurocéntricos de derecha e izquierda, en seguida caía el pensamiento hegemónico y le acusaba de todo. Era una herejía, el solo imaginar algo diferente a lo diseñado por el racionalismo homogenista y supramacista.

Cuando se aprobó el sumak kawsay (buen vivir) en Ecuador y suma qamaña (vivir bien) en Bolivia, los sacrosantos de derecha lanzaron sus dardos de que se quería regresar a la época precolombina, lo que significaba un retroceso, un desperdicio a todo lo que se había producido en estos 500 años de civilización europea.

Las izquierdas no se quedaron atrás, se enojaron más, era una afrenta a la izquierda y al pensamiento más avanzado de la humanidad, el elucubrar algo que no corresponda al socialismo/comunismo. Una zoquetería de parte de corrientes esencialistas, esotéricas, místicas, pachamamistas…, y todo un florido vocabulario para minimizar y despreciar a estas nuevas/antiguas propuestas.

Los ortodoxos marxistas fueron los más virulentos, que preguntaban cuáles eran los fundamentos, categorías, principios. No se dieron el tiempo de investigar peor estudiar lo que ya había, y a los que osaron hablar de "filosofía indígena" los descomulgaron de la ciencia. Simplemente lo indígena ya casi no existía actualmente, y si existió un pensamiento indígena alguna vez, solo fue pensamiento mágico, es decir, algo elemental y no elaborado como el pensamiento materialista y la dialéctica científica. Acusaron de noveleros, aventureros, de ideas pequeño burguesas, y toda una serie de verdades absolutas, de juicios y sentencias, por quienes constituyen el pensamiento revolucionario, único en todo el planeta y de toda la historia humana.

Más todavía las ínfulas subieron, con el descalabro y el fracaso de los gobiernos proponentes de Rafael Correa y Evo Morales-Linera. Muchos se frotaron las manos, de que no haya cuajado este proyecto y así se confirmen sus premoniciones y augurios. Efectivamente, en Ecuador y Bolivia, actualmente resulta una afrenta hablar de estos paradigmas.

Sin embargo, hay quienes adentro, pero principalmente afuera de estos países, no se dejaron confundir ni engañar entre lo que representaba la propuesta desde los pueblos indígenas y lo que fue el experimento progresista, que en vez de empujar este proyecto como se aspiraba, solo utilizaron el nombre como parafernalia para embrujar a sus súbditos de que eran una "moderna izquierda".

Lo importante es que no decayó la expectativa, especialmente en el resto del mundo, habiendo gente hasta en Corea del Sur que comenzaron a estudiar y a escribir sobre el Buen Vivir. Y no se diga en Europa, en que muchos intelectuales se han dedicado a investigar más en detalle, incluso al interior de las universidades. Y así en toda Latinoamérica, que miran una salida diferente a las defraudas corrientes socialistas-comunistas, y las de derecha.

A partir de esto, en Europa también se ha despertado el paradigma de los Bienes Comunes, que va mucho más allá del decrecimiento o la ecología profunda. Y así, se van activando y reactivando nuevas/antiguas expresiones en todo el mundo. A la final, todas éstas, confluyen o tienen su soporte en lo comunal, comunitario, cooperativo, colectivo, asociativo, mutual. Rebasando el privatismo individualista (capitalismo) y al estatismo totalitario (comunismo), que, si bien siguen reinando todavía, sus días parecen contados.

Ésta es una crítica a la izquierda, a la izquierda colonial, colonizada, positivista, institucional, que comparte las mismas ontologías y epístemes con la derecha, y que solo se diferencia de ésta a nivel clasista. Es también una crítica a la izquierda decolonial, anti-colonial, y otras en esa misma onda, pues sus cuestionamientos parten desde los mismos presupuestos ontológicos hegemónicos, aunque sea una crítica importante y profunda; pero, entendemos que solo desde una ontología no-occidental es posible hacer algo que altere completamente, y para ello hay que estudiarlo y conocerlo, y ese trabajo no lo hacen, o es que querrán inventarla ellos sin tomar en cuenta a las racionalidades de los pueblos, que la elaboraron en miles de años. Por ello, personalmente prefiero hablar de alterizquierda y de trans-civilización como algo más allá de la izquierda convencional y de la civilización como tal. Lo que no significa que sea una posición anti-izquierdista sino crítica de la izquierda.

Parece de perogrullo, pero a veces toca precisar, una y otra vez, que no se hace una crítica a Europa o al pueblo europeo, sino al proyecto monárquico y antropocentrista, que también les afecta a ellos y que muchos están luchando también por extinguirla. Proyecto romano que conquistó la Europa indígena o pre-civilizada (léase domesticada), con el argumento de que eran pueblos salvajes y bárbaros a los que había que civilizar, es decir, romanizar, cristianizar, logocratizar, antropizar, y una serie de categorías con el propósito de desacralizar la vida, la naturaleza, las mujeres, la sexualidad, las emociones, y todo lo femenino y no-occidental de la vida. En este sentido, creemos que hay que ir cambiando el nombre de eurocentrismo por el de homogenismo o supramacismo para evitar suspicacias, hasta de pensadores como Zizek. Hay que ir posicionando lentamente otros nombres y significados.

En este libro contamos con la presencia de los siguientes escritores-investigadores en el siguiente orden que aparecen: Diego Velasco (Ecuador), Josef Estermann (Suiza), Raúl Zibechi

(Uruguay), Rafael Bautista (Bolivia), Andrés Kogan Valderrama (Chile), José Quintero Weir (Venezuela), y Atawallpa Oviedo Freire (Ecuador).

Atawallpa Oviedo Freire

Editor

22 septiembre, equinoccio del 2020

Introducción

¿PACHAKUTIK O PANDEMONIUM GLOBAL? DE LA CRISIS DE MODERNIDAD CAPITALISTA AL NUEVO des-ORDEN MUNDIAL

Diego Velasco Andrade

SINOPSIS

Desde ya hace casi 180 días, ante la pretendida instauración por la fuerza, de una nueva ola neoliberal para constituir el *Nuevo Orden Social*, se han desatado acciones de **bandera falsa** con el objetivo de distraer las medidas económicas en marcha, construyendo así **un falso enemigo**, esta vez a través de un operativo bioterrorista llamado por las transnacionales farmacéuticas *PANDEMIA código de vacunación e identidad 19*; operativo curiosamente desatado en plena crisis global capitalista y en medio de una ola creciente de protestas sociales, despertar de con-ciencia de la población mundial - en especial de la más joven y vulnerable - y recurrentes acciones de **desobediencia civil planetaria.** Paradójicamente estas coinciden en nuestra cosmovisión andina con el imaginario cosmogónico del **X Pachakutik**, tiempo de insurgencia y de volteo para una nueva época de armonía y equilibrio en **Amarukan:** ancestral continente americano.

I
PACHAKUTIK
UNA COSMOGONÍA ANDINA DE CAMBIO GLOBAL

Pacha: totalidad, universo, creación, espacio tiempo, tierra
Kutik: cambio inversión retorno, transformación, volteo
Pachakutik: *«Aquello que transforma a la tierra de manera cíclica»*

Alberto Taxo: *Yachak* andino ecuatorial
(En Visión cósmica de los Andes, RODRÍGUEZ Germán, 1998)

En todas las culturas primordiales encontramos la idea de "un fin de mundo" o mejor, de un "fin de ciclo", de un gran cataclismo o de un evento que marcará el final de los tiempos, de una suerte de *Apocalipsis* como señala su deriva *judeo-cristiana*. Esos mitos, llamados escatológicos por lo angustiosos y perversos que pueden resultar para la humanidad, corresponden a terribles episodios inscritos en la "memoria colectiva" de los pueblos, debido al recuerdo de una catástrofe climática, de un gran incendio, de una glaciación, de alguna pandemia real o de algún diluvio aniquilador en lejanos pretéritos.

Para confirmar este imaginario en el mundo andino, la venida de los invasores españoles a *Amaruka* en el siglo XVI, coincidía con los oráculos andinos -léase pronósticos- de un *Pacha Kutik*, es decir de un retorno o de una revolución en la constitución de la *Pacha* o espacio tiempo; de un evento fuerte y significativo que advertía del fin de una Edad de Oro y del comienzo de una nuevo ciclo de caos y de destrucción, en otras palabras de un ciclo de oscuridad y penumbra, opuesto y complementario al anterior marcado por lo luminoso.

En efecto, al arribo de los «conquistadores» castellanos (pues a la época no existía España como nación) a inicios del siglo XVI, la situación de los pueblos originarios, nativos o "indígenas" de *Amaruka* va a cambiar de manera brutal. La población va a pasar de 100 millones de habitantes en 1492, a una población de aproximadamente 10 millones, aquello solamente en el espacio de 20 años (Charles Man, 2005). En desagravio de las masacres y de los horrores de la invasión y expolio colonial europeo llamada eufemísticamente "conquista" y aún - de la extirpación de idolatrías- ejercido por la perversa iglesia autodenominada cristiana y de sus acólitos, el mito del *Pacha Kutik* ha podido sobrevivir a la colonización, salvaguardado por la tradición oral y renovándose históricamente en el mundo indígena nunca definitivamente "colonizado" -como lo sostienen los acomplejados historiadores criollos- e integrándose cíclicamente a sus expresiones sociales y acciones de levantamientos, sublevaciones y resistencia, concomitantes a la noción de "cambio social" o de "cambio de época", en el territorio pan andino contemporáneo (sur andino de Colombia, regiones montañosas de Ecuador, Perú, Bolivia, norte de Chile y Argentina).

Mas, en revancha a los mitos milenaristas de fin de mundo propagados por el llamado "occidente judeo cristiano" y de los períodos de guerra, de hambre, de grandes penurias y de cataclismos sociales, tan comunes en la narratología apocalíptica contemporánea que los medios masivos de comunicación trasmiten en un planeta globalizado que se acerca peligrosamente al "apocalipsis", lo que más nos sorprende es que una lectura actualizada de lo que significa un *Pacha Kutik* en las circunstancias actuales de cambio climático, *pandemonium* y convulsión social del mundo capitalista, es que aquel mito nos puede aportar una explicación del cambio social, económico, ecológico y cultural mundial, en suma del cambio de paradigma que actualmente vive la humanidad a inicios del siglo XXI.

El *Pacha Kutik:* un imaginario de equilibrio dinámico en la vida de *Allpa Mama*

Desde su cosmogonía primordial, la cultura andina clásica de *Tiwanaku*, valorizaba los movimientos y metamorfosis de una serpiente totémica, para hacerse una imagen simbólica del tiempo cíclico característico del mundo celeste, del tiempo a largo plazo, es decir de las eras o edades por las que había atravesado su civilización. En efecto, los sacerdotes de *La Puerta del Sol*, enseñaban que en las profundidades del *Manka Pacha aymara* o el *Ucku Pacha kechua*, una fuerza subterránea representada por *Amaru* una suerte de serpiente telúrica que vivía en el inframundo, irrumpía hacia el mundo celeste *Alax Pacha aymara o Hanan Pacha kechua*, para relacionarse con la serpiente luminosa del mundo de arriba o Vía Láctea: la *Amaru Tupak o Waka Mayu* luminosa.

Asimismo, el tiempo de *Pacha Kutik* se identificaba con la imagen de la serpiente telúrica y cuando los ríos desbordaban, o cuando sucedía una erupción o un terremoto, los *tiwanacotas* decían que en ese momento, la tierra se abría para que la serpiente saliera de sus entrañas haciendo que los muertos invadieran el tiempo presente (Moreno Yánez, 2017).

De otra parte, las erupciones, inundaciones, pestes, terremotos en tanto signos de la llegada de un *Pacha Kutik*, eran percibidos por los andinos como aquellas épocas en donde el orden del tiempo/espacio se invertía: así, todo lo que contenía las entrañas de la tierra ascendía a la superficie y a la inversa. De igual modo, el conjunto de la cordillera volcánica transandina, haciendo parte del Cinturón de Fuego del Pacífico, era considerada la serpiente simbólica o la serpiente del inframundo ígneo: *Amaruka*. Así, los *Antis* o Andes constituían un eje de energía volcánica sobre el cual, en ciertos puntos y en ciertos *seques* o rutas procesionales convenidas por los sacerdotes y legitimadas por los ritos sagrados, los andinos efectuaban ciertas caminatas de invocación y protección a los *Apus*, montañas tutelares y espíritus paternos y maternos de las comunidades *ayllus* o *bulus*.

Así, de manera alegórica y totémico-simbólica, los ciclos de evolución humana y cultural: el tiempo largo o astrológico de los pueblos precolombinos andinos, se representaba figurativamente con los movimientos de la serpiente en tanto alegoría del dinamismo cíclico característico del cosmos, los movimientos solares, lunares y de la naturaleza en general, lo que afectaba también a las sociedades y por lo tanto -aquello podía mostrar en el imaginario naturalista andino- cómo un pueblo o civilización se elevaba un día, como el sol naciente en el paisaje y luego se hundía agonizante en la obscura profundidad de la noche.

En el marco de este imaginario cambiante, la energía cósmica y serpenteante de un *Pacha Kutik*, venía a "cambiar el mundo" para efectuar una transformación renovadora del planeta puesto que el mundo de los *runas* o seres humanos debía acordarse con las leyes celestes que rigen el cosmos o "el mundo de los dioses". Un *Pacha Kutik* deviene así, el imaginario cíclico y vital andino de un «caos transformador» que marca el inicio de una nueva época, una edad sea de reposo o de actividad para el planeta cada 500 años - y no solamente para el mundo andino sino para todo el planeta- pero asumiendo características opuestas y complementarias para el mundo del "norte y del sur", para aquel de "oriente y de occidente" y así en las cuatro direcciones del plano: *Chinchay, Colla, Anti y Conti Suyus*.

Sin lugar a dudas, en el marco cíclico y evolutivo de los *Pacha Kutiks*, cada "caída" no constituía un retroceso, sino un momento de inflexión -ínfimo en la inmensidad del tiempo cósmico- mas un tiempo de recapitulación indispensable para los *runas*, en la asimilación de ciertos logros y equilibrios necesarios para entrar en armonía con el cosmos y, puesto que este hecho era representado por la muda y transmutación de la serpiente *Amaru*, su movimiento permitirá atravesar una puerta de luz después de una edad de oscuridad en el mundo subterráneo *Ucku Pacha* o *Manka Pacha*, hasta una era diferente situada en el mundo celeste *Alax Pacha* o *Janan Pacha*.

Sería probablemente en el siglo XV, a partir del gobierno del Inca que se empezó a llamar *Pachakutik Yupanqui*, que la vida histórica de las sociedades andinas comenzaría también a interpretarse en ciclos cósmicos largos llamados *Intis* o Soles, de aproximadamente 1000 años de duración y en ciclos dobles de quinientos años llamados *Pacha Kutiks*, que representará así un medio milenio o alegóricamente "una media gran jornada", en la dinámica cíclica de su civilización. Cada uno de estos ciclos se identificará alegóricamente como un día y como una noche (es decir un período de oscuridad y un período de luz) acordando un equilibrio alterno para el mundo de arriba (Norte/Cielo) y el mundo de abajo (Sur/Tierra)

Paralelamente a los *Pacha Kutiks*, los linajes Incas representarían cada ciclo evolutivo de 1000 años con la presencia de un animal totémico y de una constelación en particular (puma, cóndor, serpiente, llama, zorro, sapo, perdiz, etc.). Así, cada gobernante, acompañado de su animal totémico podría devenir el símbolo del desarrollo trascendente de una sociedad determinada, de un *Pacha Kutik,* determinado. (Milla Villena Carlos, *Génesis de la cultura andina*, 2006).

Mas, desde la visión cosmogónica andina, este cambio brutal de la vida social y natural de *Pacha Mama*, refleja claramente su gran conocimiento del fenómeno de precesión de los equinoccios, es decir del cambio del ángulo de inclinación terrestre que provoca, alternadamente, eventos ambientales a menudo opuestos de excesivas humedad o sequedad, opuestos en el hemisferio norte y sur del planeta; situación que hoy podemos cotejar con el fenómeno del "cambio climático global" que en esencia no constituye un fenómeno de origen exclusivamente humano es decir antropogénico, sino de carácter cíclico, natural y cósmico.

Con esta conciencia, si los andinos habían calculado exactamente las fechas de solsticios y equinoccios, ellos también sabían que el movimiento pendular de larga duración de la Tierra, resultado del fenómeno de precesión, conduce a pequeños cambios en la inclinación del eje de la Tierra que se desplaza un grado cada 72 años, generando cambios ambientales extremos en el planeta. Por ello, un *Pacha Kutik*, que representaría un período de 7 por 72 años (504 años) comporta variaciones climáticas y sociales notables en diferentes lugares de *Pacha Mama* en épocas diferentes incluyendo muchas veces la caída de una determinada "civilización" (Lajo Javier, *Kápak Ñan*, 2007)

En este marco alegórico de cambio simbólico y tangible de la vida social y cultural de los pueblos andinos y de la naturaleza cíclica terrestre, cuando la época de arribo de los invasores europeos llegados desde el hemisferio norte del planeta en 1492, según la cronología de los amautas incas, se terminaba el *Octavo Pacha Kutik* y comenzaba el noveno, un ciclo signado por la catástrofe y hundimiento momentáneo para los pueblos del sur, en especial para los andinos. Mas, en la actualidad y a partir de 1989, desde el imaginario ancestral del tiempo cíclico y de la justicia y equilibrio a largo plazo para todos los pueblos del planeta, hemos ya arribado al X *Pacha Kutik*, en otras palabras a una nueva era de renovación total para los *runas* o hijos de la Madre Tierra para vivir en armonía y equilibrio con el cosmos, lo que en realidad constituiría en un sentido amplio el espacio tiempo ordenado (*Pachakamak*) que persigue finalmente el *SUMAK KAWSAY* : Vivir en la correspondencia, el equilibrio y armonía de las sociedades con la Tierra y el Cosmos Sagrados (Oviedo Atawallpa, *Los hijos de la tierra*, 2005).

II

CÓDIGO DE VACUNACIÓN ID 19: UN *PAN DEMONIUM* RECORRE EL MUNDO 2020

Marzo 2020: en el marco de una crisis mundial del sistema capitalista, cuando hace pocos meses en Hong Kong, París, Seúl, Santiago, Quito o Bogotá, se habían levantado millones de estudiantes, trabajadores, cesantes, jubilados, pobladores de barriadas, mujeres por el cambio social o feministas a ultranza; animalistas, ecologistas, excluidos de todo derecho y hábitat y, sobretodo campesinos e indígenas arribados a las ciudades en búsqueda de descolonizar el paradigma civilizatorio de una falsa modernidad por un nuevo despertar de esperanza en el devastado corazón humano.

Aún se duda y se debate entre los eminentes científicos que surgieron en escena, el mismo caso del bribón informático Bill Gates o de su esposa la caritativa Melinda; si es que este virus en tanto información molecular ya existía -con o sin corona- o si fue creado o recreado en obscuros laboratorios implementados por la misma Fundación Gates en USA o en la mismísima China. Si fue alterado o difundido desde allí por la potencia social imperialista hacia el resto del mundo o fue lanzado como estrategia de guerra bioterrorista y secuela de una gran guerra comercial, por cortesía y *delivery* del "iluminado" mundo global cada vez más interconectado en redes instantáneas, vulnerable a infestarse de ideas tenebrosas, pánico y neurosis sociales de una creciente "realidad líquida" (Bauman,) y de "post-verdades", azuzadas día tras día, por los mismos medios de comunicación alarmista propiedad de los grandes trusts financieros.

¿No es verdad que estábamos tan bien antes de que el perverso bichito llegase? ¿No que todo era felicidad por parte de los pueblos y culturas resistentes y alter nativos en Hong Kong, Chile, Ecuador, Colombia, Francia o Turquía a fines de 2019? Sin embargo cabe dilucidar aún si este virus creado es un real enemigo para "toda la humanidad" o es solamente un perverso distractor y "enemigo falso" en esta nueva guerra fría de "falsa bandera", ya antes desarrollada de manera bélica en 2001 con el auto-atentado sionista de las Torres de Nueva York ¿aquel episodio funesto que llevó a justificar la masacre de millones de seres humanos en el Medio Oriente petrolero cuando esta región irrumpía con más fuerza en la escena mundial ? (*Zeigeist*, Peter Joseph, 2005).

Quizás hoy nuevamente asistimos a la más crasa evidencia, de la tantas veces anunciada pero nunca creíble por los cientistas sociales despistados: La **Guerra por un nuevo Orden Mundial** (NOM) entre los amos del mundo "capitalista libre" y occidental con los secretarios del "colectivismo autoritario" oriental pretendidamente "comunista"; pero también entre los grupos de iluminados financieros de cada país, que emitían sin cesar papel moneda sin patrón, versus los neo fascistas arios y republicanos que arriban hoy como superhéroes a salvarnos, todo para convertirnos en nuestro respectivo país, en simples espectadores y esclavos de su nueva estrategia de control psicológico, militar y dominio social, con la llegada ante nuestras narices anonadadas, de la apocalíptica y ahora informática *Bestia del Apocalipsis*.

A estas alturas de la pandemia horrorosa, recreada por unos cuántos empresarios virólogos sin escrúpulos como Anthoy Faucci y la misma OMS representante de las "farmafias" trans-nacionales, que desataron un acción de bioterrorismo paralizante el que nos tiene recluidos en nuestras "moradas filosofales", destrozando la economía global: "tal como antes la conocíamos", quisiéramos saber ¿quién o quiénes se halla detrás de esta macabra "bandera falsa" para agilitar sus fines de imposición de la bestia en modo chip, con código de intrusión genética y vacunación obligatoria COV, como ID de control de identidad en modelo 2019?

Si antes fueron: ***Pearl Harbour*** para declarar la guerra a los amarillos de ojitos rasgados cuando ya la guerra había terminado o el **Gran Alunizaje** *terrestre* transmitido a los derrotados norteamericanos en Vietnam desde un set de televisión montado por Kubrik o, la mismísima demolición prefabricada de las ***Torres de Nueva York***, para justificar ante los sionistas aliados de Bush, la destrucción de las últimas huestes del dios Baal con millones de iraquíes muertos: aquellas tres "banderas falsas" las más significativas de la "histeria contemporánea global", ahora han trocado de manera insólita y global a convertirse en la famosa *Pandemonium 2020* (*Pan* dios del pánico y *Demonium* el innombrable *demiurgo*).

¿Más para los despiertos de todo el mundo cabe la pregunta ¿podrán seguir por siempre engañando a la población ingenua mundial con una *Plandemia* puesta en escena a través de la manipulación de los archi-conocidos SARS y MERS de la influenza y del catarro estacional de la fría primavera china, europea y norteamericana? ¿Hasta cuándo podrán mantener el encubrimiento de la mortalidad natural, en sistemas sanitarios públicos deficientes, con expedientes falsos que remiten toda defunción de las personas más vulnerables: enfermos crónicos y sincrónicos a este episodio y personas de la tercera edad? ¿Hasta cuándo podrán sostener las cadenas de TV, los datos manipulados desde los medios globales de la salud y sus mafias farmacéuticas que esperan ingresos millonarios para otorgar una vacuna legitimada y ratificada por las jugosas comisiones que reciban, los mandatarios dóciles de cada uno de los gobiernos socios de esta macabra operación GENOCIDA Y BIOTERRORISTA?

Sin embargo, lo que está clarísimo que sin ser nosotros ni de lejos Profetas como lo fue el famoso Jean de Nostradamus, por lo menos ocho anticipaciones de este macabro episodio mundial estarían por cumplirse:

1. La relocalización geopolítica y económica de las potencias imperialistas en su reparto del mundo, en especial los Estados Unidos, Europa, Rusia y China, con sus aliados y/o enemigos organizados en bloques subcontinentales, que prevalidos de nuevas tendencias nacionalistas, filonazis y ultra derechistas, se ven enfrentadas al ahora viejo más que NUEVO: desORDEN MUNDIAL.

Estas facciones ahora visibles en el mundo y en cada país, son los nacionalistas a ultranza, derechistas, anglosajones y filonazis, enfrentados a los masones agiotistas banqueros e iluminados masones; los unos ansiosos por acceder al poder político administrativo militar real y los otros: quizás los creadores de esta acción desesperada de bioterrorismo, en aparente retirada parcial, creando una gran crisis social, humanitaria y económica sin precedentes.

En este punto, cabría mirar cómo en el mapa del contagio mundial del virus, el hemisferio Norte, lleva las peores consecuencias de la pandemia inoculada; en especial, han sido golpeados Italia y España: los dos países quizás los más endeudados de Europa; pero cada vez el mapa se va segmentando a nivel geográfico, entre el llamado "oriente asiático" colectivista-autoritario y el "occidente civilizado" liberal e iluminado. En efecto, cuando se va controlando desde su vector de expansión inicial, al ser los chinos los primeros en ser atacados por el virus, este tenía que ser desatado en medio de una cruenta "guerra comercial" que ya era insostenible entre el imperialismo *made in USA* y la China social imperialista.

2. La lucha mortal aparentemente hasta hoy, entre las facciones patriotas y nacionalistas norteamericanas que quisieran *AMERICA GREAT AGAIN*, contra los sistemas bancarios y financieros "macro illuminatis", para reorganizar en su favor, todo el sistema financiero USA y global en singular de la Reserva Federal Norteamericana, ahora en poder de los masones de la Banca Mundial y de las mafias de guerra y armas, de droga y trata de seres humanos; aquellos maleantes Wall Street de terno y corbata, entronizados como parásitos *arcontes* en esta Humanidad y desde hace ya varias décadas de feroz capitalismo.

Vale comentar a este macabro párrafo, que esta lucha parece librarse con los aparentes arrestos masivos de los tratantes de seres humanos: de niños y mujeres en especial; de aquellos satánicos y hollywoodenses consumidores de *adreno cromo* como droga vampiresca de pretendida inmortalidad; de los proveedores vinculados a grupos como *Ever Green* es decir a los Clinton y a los aristócratas ex clientes chantajeados por el proxeneta de alto vuelo: Jeffrey Epstein, supuestamente "suicidado" en la cárcel, antes de que todo este *maléfica maleficarum* ocurriera.

No sabemos además a estas horas, qué estará pasando con varias celebridades del jet set satánico, incluido el profeta del virus informático el inefable Bill Gates quien nos advirtió de otro virus por venir con años de antelación. Así mismo, no sabemos que estará pasado con el beatífico masón jesuita Papa *Ber-google* y, si éste estará o no ejecutando los arrestos a los que estaba obligado para desmontar a los pedófilos *watikanus,* ligados a las mafias blanqueadoras de dinero del Banco Ambrosiano o, si esta orden de arresto, se está cumpliendo, en otros países católicos del mundo, en especial en América del Sur, en donde aún pululan libremente semejantes escorias.

3. En este contexto de inmovilidad, quietismo y cuarentena humanas, se fortalecerán las economías "nacionales" de los grupos de derecha, "fascistoides" y oligárquicos de cada país, en desmedro de las tendencias aparentemente "progresistas" o "socio listas" abocadas las últimas décadas, a incrementar el ingreso de las clases medias y/o populares y por lo tanto su consumismo y dependencia desenfrenada, del sistema financiero y comercial en sus maravillosos "malls comerciales".

Estamos claros, que asistimos a una gran crisis global de demanda, es decir que más allá de la necesidad de consumo por subsistencia personal y familiar durante el encierro y el tiempo que se les ocurra aún mantenerlo, ninguna materia prima, insumo energético, producto de exportación e incluso de importación de corte mecánico industrial, tiene algún futuro de compra a corto plazo. En efecto, mientras las elites mantengan a un "enemigo tan real pero a la vez falso", a este bichito desatado por los perversos amos del mundo, los productores que no sean los de aquellos productos de inmediata subsistencia, quebrarán y se verán obligados a pagar con sus propias materias e insumos, algunas de sus macro deudas a las que a esta fecha ya habrán adquirido, al haber parado su proceso productivo y de movilidad de vehículos y personas, al que estaban habituados en sus millonarias empresas. Ni qué decir de las líneas aéreas transnacionales y nacionales, así como los procesos vinculados al sistema de turismo y movilidad mundial, con la cadena turística correlacionada que ya han colapsado.

4. Intentar en ese contexto "infestuoso" y virulento, implementar su tan anhelado "reseteo monetario"; como una suerte de "apagón financiero" que ponga un alto y cuenta nueva al sistema macro económico previsto por los nuevos "Patrones" del poder geopolítico nacionalista y, luego de sus bloques aliados; deslindando así los sistemas financieros transnacionales de la "Banca Mundial", incluso del piadoso *Banco Watikanus*.

A estas alturas, el tan mentado *reseteo monetario* y la construcción de una o nuevas monedas reales y/o digitales, irá porque irá. Es posible entonces que de manera insólita, algunas deudas empiecen a condonarse e incluso algunas rentas puedan depositarse en cuentas personales (de quienes las posean) para evitar el colapso, caos y revuelta social indetenible, aún con el control militar de las masas que ya estamos observando ¿Habrá en este contexto, la oportunidad de contar con recursos del nuevo sistema financiero que surgiría luego de este caos inducido, para invertir en "proyectos innovadores" como quisieran algunos soñadores, quizás ingenuos, tan atentos durante años a un esperado nuevo tiempo de "emprendimiento social" ?

Cabe señalar, que en sociedades como las sudamericanas, en los países andinos, en especial, serían los campesinos quienes puedan seguir produciendo desde unidades familiares y ojalá comunitarias, abasteciendo desde el campo a la población vulnerable de las ciudades, todas ellas consumidoras decrépitas, angustiadas y nerviosas, por vaciar lo que encontraban en los grandes *malls* y supermercados antes de la cuarentena y en el futuro afectando a grandes cadenas de consumo, en difícil pronóstico de sobrevivencia por la crisis de demanda de sus habituales consumidores, los trabajadores asalariados en especial.

5. Desatar en el mundo, una mega campaña minera para la acumulación de minerales preciosos con los cuales establecer un nuevo "patrón oro y plata", para dar credibilidad y real valor, a la nueva moneda mundial que pretenden crear los triunfadores. Esto último muy a pesar de que para hacerlo tengan que desalojar de sus territorios a millones de campesinos y de pueblos indígenas, aun no habitando en las "ciudades de la furia", por el delito de estar asentados aún allí y resistir sobre las reservas minerales, de agua y de biodiversidad, las que han sido previamente identificadas y dibujadas como puntos rojos en un mega mapa satelital en poder de las transnacionales y los gobiernos nacionales corruptos.

Cabe señalar, que las acciones mineras en el campo y territorios indígenas, se siguen manteniendo aún a pesar del "toque de queda" en las ciudades, puesto que si la pandemia atacó de manera diferencial y duramente en su inició al hemisferio Norte, no lo hizo todavía con la misma crudeza en el hemisferio Sur: en África o en Indo América, de donde se extraerían y se estaban ya extrayendo los minerales tan codiciados para reiniciar esta nueva época de desorden mundial que se "patrocinará" con reservas de oro, de plata y de ciertas piedras preciosas y minerales singulares como el litio. En ese proceso, una Reserva Federal de nuevo cuño, con real patrón se creará y pasará a poder de la facción patriota, nacionalista de Trump.

6. Generar pánico y campañas drásticas de anti-natalidad y de reducción de la población en las grandes urbes, sobresaturadas para el consumismo mundial, con la idea obsesiva de que "ya somos demasiados en el planeta" y que "con el cambio climático que pronto derretirá los polos todo va a estar peor"… evitando así que cobremos conciencia de que las superpobladas y concentradas son las urbes pero no los campos hoy cuasi abandonados y los paisajes culturales nativos cada vez más presa fácil de la rapiña del "boom minero", para la acumulación de metales para el patrón de una nueva moneda mundial.

En efecto, el argumento irreal y neo malthusiano de que en el planeta estamos "superpoblados" y de que el cambio climático ha sido creado por "el hombre" y no como es evidente: por el modelo depredador económico capitalista, imperialista y transnacional, en especial con responsabilidad de las grandes potencias capitalistas y colectivistas autoritarias, fue diseñado y difundido desde hace décadas por el bando en repliegue de los *illuminati*. En realidad para ***Gaia Gea Allpa Mama***: nuestra madre planetaria, las que se hallan saturadas y superpobladas son las grandes ciudades: engendros del mercado feroz inmobiliario, despojador y especulador de tierras, aparentemente vacantes y de la absorción insaciable de los campos agrícolas y la expulsión de sus propietarios.

Al contrario, usando la estrategia del **DESURBANISMO**, nuevos territorios podrían destinarse a la distribución de bio-comunidades y eco-aldeas, con energías y emprendimientos sustentables, producciones perma-culturales, distribuidas en las zonas yermas de los campos abandonados y/o afectados por la producción extractiva; pudiendo adoptar estas comunidades modelos de poblamiento en racimos menores e interdependientes, a través de ejes viales articuladores del territorio, recordando el sueño de los "des-urbanistas" rusos y los socialistas utópicos franceses y anarquistas, hace más de 100 años; aquel que siempre fue aplicado de manera ancestral, "armónica y simple", por las sociedades indo y andino americanas desde hace siglos.

7.   Bajar los precios del petróleo para usar las mismas reservas de las nuevas potencias nacionalistas "grandes otra vez" y sobretodo de tendencia Sionista, para quebrar a los "infieles" países musulmanes exportadores del Medio Oriente y, con ello generar un grave impacto en las bolsas de los especuladores de Wall Street, estos últimos, ligados a las mafias transnacionales traficantes de droga y de seres humanos.

Está claro que todo sistema rojo-negro dominante en estos dos siglos, basado en el consumo y abuso de los combustibles fósiles, como fue desde el inicio de la revolución industrial capitalista, tiene ahora sus días contados…Hoy pasaremos del negro rojo combustible, paulatinamente al verde eco-lógico pero controlado con bonos, cupos y tarjetas de restricciones de consumo. Sin embargo, los sistemas alternativos y de transición preparados por las comunidades críticas y "sociedades de transición", desde hace por los menos dos décadas, en acuerdo con las poblaciones agriculturas indígenas, podrían antes de ser cooptados por los nuevos dictadores del mundo, construir y sembrar con las masas críticas de las ciudades: las **Bio Comunidades** del **Nuevo Tiempo**; desarrollando otros sistemas de pago, moneda y circulación de energía y objetos de consumo, desde sus propias lógicas de producción, autogestión y distribución comunitaria, consensuadas y equitativamente repartidas.

8. Mantener esta cuarentena política económica, de apagón, borra y cuenta nueva en la rueda financiera mundial, hasta que una nueva vacuna, crema, gotas, tabletas o pomada milagrosa puedan ponerse en venta por parte de las mismas empresas farmacéuticas ligadas a los potenciales triunfadores.

Obviamente, en materia de control psicológico y miedo patológico hipocondríacos, lo peor parece estar por venir para la masa crítica y alter nativas, si no nos sometemos a sus nuevas estrategias de "higienismo social" y sanitario para poder salir a trabajar asumiendo nuestra "distancia social", y estaremos condenados a inmunizarnos con sus "remedios milagrosos" ya preparados con suficiente antelación, so pena de ser considerados verdaderos virus humanos de contagio y por tanto, nuevos parias sociales.

III

**DE LA DISTANCIA DE CLASE SOCIAL
A UNA NUEVA A-NORMALIDAD**

La burbuja personal ya es de la OMS

El famoso antropólogo norteamericano Edward Hall, perteneciente al "colegio invisible" o *Escuela de Palo Alto*, propuso a mediados de los años 60 el concepto de **distancia interpersonal**, que lo condujo a determinar una nueva disciplina: *La Proxémica*. Es decir, aquella perspectiva comunicativa no mediática que estudia la interacción personal cercana / lejana de los sujetos sociales en el espacio público y, eventualmente en el espacio privado. Entendiendo a todos los sujetos humanos observados para tal fin, como entidades psico- socio-culturales, integradas plenamente sea de manera consciente o inconsciente a su entorno.

Sin embargo, el ***análisis proxémico*** no es solo aplicable a los seres humanos, pues sus primeras hipótesis las realizó a partir de observar el distanciamiento entre animales, en especial de las aves. Así, son famosas sus primeras imágenes del distanciamiento a intervalos regulares casi milimétricos, de aves urbanas posadas sobre los alambres de luz; por tanto, de su distanciamiento como clave de apropiación de su hábitat colectivo, conservando eso sí su propia identidad individual. Igual situación observó con el distanciamiento entre humanos que el mismo Hall llamó: el mantenimiento de la "burbuja personal" y por tanto el concepto "distancia interpersonal".

En efecto, esta perspectiva no mecanicista de la comunicación había nacido de la **etología** o del estudio del comportamiento de los animales, en singular de los mamíferos y por extensión del ser humano, así como del estudio de las culturas "no occidentales", en donde las distancias no controladas por el poder piramidal, sino por la propia comunidad circular, se acortaban como mecanismo de "bien-estar" y de auto-inmunización colectiva.

Con el tiempo, estas investigaciones de "comunicación en la naturaleza" fueron seguidas por una pléyade de investigadores alternativos como Gregory Bateson, Erwin Goffman, R. Watslawick, Margaret Mead, Desmond Morris y un largo etcétera de pioneros del estudio de la comunicación cultural en tanto extensión del ***communis primordial***, jamás de aquella bazofia mediática desarrollada hoy por los medios de comunicación masivos o ***mass media,*** de los que más bien se ocuparía la **comunicación mecánico funcionalista**.

Hoy, ese movimiento inicial ***anti establishment*** o contra el poder establecido y sus conceptos liberadores, sus categorías holísticas e integrales con el entorno y las acciones ***paradójicas de comunicación***, podrían servirnos para cada vez más deshacernos de la ***matrix*** esquizofrénica del control social y para poder concienciar que somos seres integrantes, nunca "dueños de la naturaleza", tal como lo habían preconizado desde hace siglos las **culturas primordiales** consideradas por el esquizofrénico sistema imperante: "primitivas". Sin embargo, vemos como hoy, han sido copiadas, reutilizadas, desnaturalizadas y hasta vaciadas de sentido por parte del *poder global* y soportadas por el poder corrupto implantado en las falsarias y corruptas "democracias" de cada país.

LA NATURALIZACIÓN DE UNA DISTANCIA DE CLASE SOCIAL

En el contexto de esta **pandemia falsa**, soportada por una info-demia perversa de los medios de comunicación social ligados a las elites locales, reproductoras de protocolos y discursos repetitivos ordenados desde una pirámide comunicativa global, se ha querido fomentar el miedo del otro, del *alter*, "del diferente a mí", de aquel del cual no dispongo información sobre sus costumbres y sospechosos hábitos; en general posicionar el pánico y el terror de un inminente contagio que podría ser evitado solo a través del auto confinamiento y de un tajante "quédate en casa"; es decir de un encierro en el espacio doméstico idealizado como un idílico hogar o "techo cálido y protector", ignorando así las condiciones de precaria habitación cotidiana de las mayorías; homogenizando el lugar de sobrevivencia y hábitat urbano diferencial, que posee toda clase social.

De manera complementaria, se han querido poner en funcionamiento de modo irregular, medidas "higienistas" que ni siquiera la misma **ORGANIZACIÓN MUNDIAL DE LA**

SALUD y sus países aún signatarios, se ponen de acuerdo en cuanto a su utilidad: así, el uso de mascarillas de todo tipo pero en general alergénicas, guantes sintéticos que provocan hongos, escafandras plásticas y hasta trajes herméticos cuasi espaciales que solo "naturalizan" hasta llegar al nivel de la caricatura del terror, la distancia social interpersonal, como si esta fuera el resultado lógico de una coyuntura sanitaria temporal, pero que quizás solo constituya la aspiración futura de las elites en el poder, para mantener a las "masas vulgares, sucias y enfermas" a prudente **distancia social** y convenientemente controladas en el uso del espacio público, siendo aún capaces de influir en su comportamiento en el entorno privado, familiar y aún comunitario.

Ya decía Edward Hall en *Más allá de la Cultura* (Citado por Ives Wilkin, *La Nouvelle Communication*, 1981) que fue en las culturas del norte en donde el capitalismo, la industrialización, los horarios y la disciplina laboral se instauraron primero, generando sociedades sujetas a largos períodos de aislamiento social máxime en largas temporadas de invierno, allí donde la gente es "distante y fría" por naturaleza y esto es considerado como "normal". En tanto, en los países africanos, mediterráneos o en los llamados "latinoamericanos", el acercamiento tanto a nivel no verbal, sino también gestual y en fin, el acercamiento corporal e íntimo, son signos culturales socialmente aceptados y "bien vistos", son considerados como "naturales, deseables y normales" y no solo en términos individuales, sino también de la relación de pareja, del estrechamiento de lazos familiares, inter-género y hasta en la esfera de lo público; todo lo cual influye en un **fortalecimiento comunitario** que reafirma la identidad cultural colectiva y las defensas llamadas "inmunidad de grupo o colectiva", en tanto que somos seres gregarios viviendo y necesitando crecer en *communis*.

¿QUE VIVA LA NUEVA ANORMALIDAD FUTURA?

El garantizar aquella nueva anormalidad llamada de la "distancia social" y difundida como "normal" y hasta deseable, por parte de los medios oficiales y por consejo de la funcional farmafia **OMS**, pretende empezar a desatar el "terror del otro", como una acción para prevenir la presencia de un enemigo predador en su entorno; para eliminar una vecindad incómoda o asignar al alter la calidad de "vector de contagios de una pandemia" a todas luces inducida y seguramente inoculada de varias y distintas maneras en diversos implementos, dispositivos e insumos, en cada país donde el operativo bioterrorista haya sido implementado, verbigracia como ocurrió en la infestada Guayaquil de marzo y abril 2020.

Así se pretende ir instaurando una nueva "a-normalidad" que irá redundando paulatinamente en el "control social y mediático" de las masas, pero sobretodo de su cada vez más creciente "control policial y militar"; esto garantizaría en un **futuro distópico** no muy lejano, la conformación de "rebaños dóciles" de seres humanos provistos - como antes los esclavos - de su respectiva marca de vacunación (no otro significa Código de Vacunación e identidad modelo 10 COVID 19) y las infectocontagiosas mascarillas como estigmas de identificación de las masas, amen de alguna vacuna milagrosa que haga las veces de chip de aceptada normalidad. Eso sí habrá que permanecer siempre atentos a sobrevivir a las creciente amenazas de un devenir incierto, pero obedeciendo y legitimando socialmente las nuevas anormalidades que provengan del *"Gran Hermano Global"*, asumiendo las cada vez nuevas normalidades que aún se inventaren, como si estas fuesen "lógicas", "racionales" y hasta deseables para nuestro propio bienestar.

V

HACIA UN DESPERTAR GLOBAL
FRENTE A LA CANALLA GENOCIDA

Para el futuro esperamos una salida masiva global, desobediente y libertaria, eso sí enmascarada y enguantada hasta los dientes, -sin armas ni violencia que la nueva con-Ciencia-, pero blindada por la luz de un nuevo humanismo se apresta a romper el cerco de esta *infodemia* perversa. Así como lo oyen, todos aquellos que se quieran convertir en pasa-do, que se queden en casa...

Es que a estas alturas del pretendido ***pandemónium,*** cada vez millones en el mundo saben con certeza que el virus ha sido creado por la enconada lucha entre los dos bandos poderosos: *arios patriotas republicanos* vs. *pilluminatis socialistas y demócratas* en retirada, todo por el reacomodo de la crisis del capitalismo mundial ya en metástasis desde hace más de una década, para reorientarla como siempre a su favor jamás en pro de *"la nueva humanidad que asciende"*, como dijera el gran poeta ecuatorial **Rafael Larrea Insuasti**.

Mientras tanto, los gobiernos apátridas de cada país, poseedores de información privilegiada que les llegó desde la Agenda de Octubre 19, convocada en Nueva York por la inhumana fundación Bill y Melinda Gates, compuestas por camarillas de corruptos locales, aún sacan comisiones y negocios de la pobreza, de la inacción y el desempleo de las mayorías embaucadas a través del terror tele-obsesivo de **falsos positivos**; de pagados testigos impostores de curaciones milagrosas realizadas por el esperpéntico, sino mediocre servicio sanitario estatal; con curvas de muertes falsas que nunca van descender hasta que dure este apagón monetario y financiero; de estadísticas aleatorias con tasas de mortalidad natural en países y ciudades llenas de gente enferma alimentada con comida chatarra, abandonada estructuralmente a su suerte y totalmente vulnerable a una **crisis sanitaria ambiental y funeraria** sin precedentes.

Mientras tanto, en cada Ciudad Caótica se desvelan los burdos negociados de las élites gobernantes, con miles de pruebas para los gobernados que no prueban absolutamente nada; en vacunas millonarias que pronto llegarán para salvarnos; mientras los más impávidos se queden tranquilos en casa a observar cómo se roban el trabajo de los creadores de la riqueza social; a socapar a los que extraen comisiones de los eternos préstamos de los corraleros internacionales y, de paso, destruyen los servicios de salud y de seguridad social, para un día convertirse en los nuevos *empresaurios* de servicios de inmortalidad privada o de *vacunas chips* para enfrentar todo virus pululando en la atmósfera enrarecida de hoy o de todos aquellos nuevos virus que vendrán.

EXORDIO

Desde el fondo de la ***Tierra Gaia Gea Tut Tunatzin Allpa Mama Pacha Mama***, una nueva semilla primordial se ha venido plantando; una **Tercera Vía Alter Nativa y Comunitaria** al perverso **capitalismo** individualista/imperialista o al manipulador **socialismo** del poder burocrático, ha ido germinando en los miles de corazones despiertos. Se ha iluminado cada vez en nuestras mentes y crece con los rayos de sol primaveral de un *Mushuk Nina 2020*: fuego nuevo encendido desde el corazón de una nave-globo terrestre eternamente circunvalando por sus hijos en permanente movimiento. Un nuevo *Pacha Kutik* espacio tiempo de volteo, de los viejos modos de ser y de los arcaicos paradigmas caducos del control, el miedo y el terror y un *Aqua d'Or* fresca agua de oro nos ha venido lloviendo durante este encierro a raudales y ha venido fertilizando los campos a ser labrados por decenas de **bio-**

comunidades del nuevo tiempo (Del Río Juan, *Sociedades de Transición*, 2015).

No podrán por siempre enjaularnos, somos ancestrales hijos del *Akilla lunar* y del *Kuntur solar*, su encuentro previsto para aquí y ahora en tierras del pájaro *Kinty*: "aguja tornasol pespunte del cielo" como dijera el gran poeta equinoccial Jorge Carrera Andrade, nos hará sensores sutiles para internarnos en nuevas y diversas direcciones, sobretodo en las profundidades del memorioso *Reyno de los Colibríes*. Así, volátiles y vibrantes en el mundo celeste pero también muy anclados al eje terrestre que botará al tacho de la Historia a los perversos globalizadores; revoloteando cada vez más con **Movimientos Armónicos y Simples**, deberemos resistir y perseverar en bandada, siguiendo nuestras más sensibles corazonadas, hasta ir construyendo un futuro vital de equilibrios y armonías con todas las fuerzas y criaturas conscientes de este nuevo despertar mundial y en singular, en este telúrico continente de fuego volcánico: *Amarukan.*

Kitwa:
tierras de la mitad
Agosto 21, 2020

BIBLIOGRAFÍA

Milla Villena Carlos, *Génesis de la Cultura Andina*, Amaru Wayra ediciones, Lima, 2006 tercera edición.
Rodríguez Germán, Alberto Tatzo, *Visión Cósmica de los Andes*, Abya Yala, Quito, 1998.
Ruben Ríos y Jesús Cosíos, *Biopolítica para principiantes*, Era Naciente, Buenos Aires, 2012.
Del Río Juan, *Guía del Movimiento de transición*, Madrid, 2015.
Moreno Yánez Segundo, *Simbolismo y ritual en la sublevaciones indígenas*, Corporación Editora Nacional, Quito, 2017.
Harari Yuval Noah, *21 lecciones para el siglo XXI*, Penguim Random House Groupe Editorial, Bogotá 2018.
Sierra Natalia Freire, *Territorios Disidentes: Ensayos sobre las sociedades en movimiento*, Abya Yala, 2018.
Winkin Ives: *Bateson, Birdwhishtell, Goffman, Hall, Jackson, Scheflen, Sigman, Watzlawick: La nouvelle communication*, Editions du Seuil, París, 1981.
Charles C. Mann. 2007[2005] 1491, nouvelles révélations sur les Amériques avant Christophe Colomb. Editions Albin Michel
Mann Charles, 1991, 2006
Lajo Javier, *Kápak Ñan*, Lima, 2007.
Oviedo Freire Atawallpa, Qué es el Sumak Kawsay, 2011.
Joseph Peter, *Zeit Geist*, el Documental, 2005.

Gobernar obedeciendo

Más allá de modelos políticos eurocéntricos

Josef Estermann

La pandemia del coronavirus viene demostrando que el
Mercado no puede todo y que en situaciones de emergencia, son
los gobiernos de los Estados nacionales que deben de tomar las
decisiones, junto a una fuerte inversión de capital, para evitar el
quiebre total de la economía. Se trata de una paradoja que es
visible a distintos niveles: la contradicción entre "libertad" –el
Libre Mercado *versus* la libertad de expresión– y "necesidad" –
la necesidad de respirar *versus* la de alimentarse–, entre la
prevalencia del libre flujo de capitales y la restricción total del
flujo de personas, entre la vulnerabilidad humana y la
omnipotencia de las empresas digitales y los grandes bancos. A
pesar de estas paradojas o contradicciones, se hace evidente el
valor insustituible de la "vida", en el contexto actual de la vida
humana. A pesar de las hazañas de la ciencia de tipo occidental
y de las tecnologías concomitantes, no se puede dar con este
virus invisible y diminuto, salvo "encerrarse" y suspender gran
parte de las actividades económicas y comerciales. Algo que en
situaciones "normales", nadie se podría imaginar ni mucho
menos plantear como una estrategia política. Las voces que
hablan desde decenios de "decrecimiento", "suficiencia" y
"post-desarrollo", del domino de los bienes comunes
(commons) sobre los bienes privados o estatales, de una
economía solidaria o del principio de las cinco R (reducir,
reusar, reciclar, reparar y repensar), todas estas voces han sido
calladas en la cacofonía de una fiesta de despilfarro y
especulación. Son voces de gente que vive en "otro mundo", y

ahora se hizo patente, aunque solo por unos meses, la lógica de este "otro mundo".

Pero aún sin pandemia, el sistema-mundo capitalista-neocolonial está agonizando, aunque sigue funcionando a primera vista de manera excelente como el *Titanic* antes del choque con el *iceberg*. Para personas sensibles y no enceguecidas por la apariencia de un capitalismo de casino, las señales de una crisis múltiple generalizada que es una crisis "civilizatoria", son evidentes: la biodiversidad disminuye a un ritmo acelerado; los desastres llamados "naturales" (sequías, inundaciones, deslizamientos, huracanes, pandemias etc.) aumentan al mismo ritmo, la brecha entre la mayoría pobre y una minoría rica se aumenta en forma escandalosa, el grado de la contaminación de la atmósfera, de los océanos, de los suelos y de los alimentos sube a pesar de la nueva "conciencia ecológica", y los diferentes tipos de racismo, sexismo y xenofobia se expanden como una nueva "normalidad". Lo "normal" se ha vuelto "anormal" no solamente por la pandemia, sino por la perversidad del sistema: se considera "normal" que el hombre más rico del planeta posee la riqueza total de la mitad de los países latinoamericanos; es "normal" que millones de personas mueren de hambre, mientras que la obesidad se vuelve un problema pandémico global; es "normal" que la bolsa especula con los posibles quiebres de estados y con la escasez de alimentos.

De la enfermedad a los remedios

En la época de las "verdades alternativas" *(fake news)* no resulta fácil diagnosticar la "enfermedad" de la que sufre la humanidad. Al igual que con el coronavirus existe una mayoría que pretende ignorar la enfermedad misma o al menos minimizar lo grave de la situación. La economía global sigue apostando por un "crecimiento ilimitado", las grandes empresas mineras y petroleras siguen explorando y explotando los "recursos" fósiles, a pesar de que sepan perfectamente que es el camino seguro hacia el abismo, y los gobiernos de derecha e izquierda fomentan esta "fiesta" mediante regalos fiscales, avales fraudulentos y actitudes corruptas cada vez más impúdicas. La "enfermedad" de la que hablo tiene un tiempo de incubación muy larga, probablemente de siglos; el virus viene infectando, gracias a la globalización neoliberal y consumerista, a todo el mundo, aunque recién se nota síntomas preocupantes de la enfermedad desde hace unas cuatro o cinco décadas, al menos en el llamado Norte global. En otras partes, como en *Abya Yala* o Latinoamérica, los síntomas de la enfermedad se manifiestan a partir de 1492. Pero, ¿qué es la enfermedad? ¿Cómo se la puede llamar?

En círculos de la izquierda y del movimiento "ecológico", la etiqueta más usada para la enfermedad sistémica suele ser el "capitalismo neoliberal", el "neoliberalismo capitalista" o el "extractivismo" económico. Para círculos de la derecha, la enfermedad es diagnosticada como "proteccionismo", "intervencionismo" o inclusive "eco-dictadura". Este hecho no solo refleja la gran diversidad en la interpretación de los fenómenos actuales a nivel global, sino también la "crisis" de los esquemas "ideológicos" de izquierda y derecha, conservadores y progresistas, liberales y socialistas, demócratas y autoritari@s. Hoy día, una joven estudiante del movimiento climático *Fridays for Future* (viernes para el futuro) es "conservadora" porque pretende "conservar" la biodiversidad y el equilibrio climático amenazado. Y un analista de los *Hedgefonds* digitales aparece como "progresista", porque apuesta por el "progreso" mediante la tecnología de punta en los mercados bancarios. La "izquierda" tradicional –llamada así por su ubicación tradicional en el parlamento británico– se definía por su postura frente a la propiedad de los medios de producción, y, como consecuencia, por su punto de vista de la "justicia" social e igualdad de oportunidades. La vieja disyuntiva entre socialismo y liberalismo se definía en los siglos XIX y XX por la preferencia que se daba a la "libertad" económica o la "justicia" social, ambas categorías surgidas en la modernidad europea sobre una antropología ego-céntrica o sujeto-céntrica. La crisis actual ya no puede ser descrita ni analizada por los parámetros marxianos (Carlos Marx) o smithianos (Adam Smith) del siglo XIX, porque ni el "proletariado" ni los "medios de producción" son hoy los mismos; los modos de explotación se han diversificado, y la fuerza de trabajo es de lejos la única fuente de "riqueza" y ganancia. Tanto el capitalismo (liberalismo económico) como el socialismo de planificación estatal (también llamado "socialismo real" en la época de la Guerra Fría) ignoraban el tema ecológico, la limitación de los "recursos naturales" y la vulnerabilidad del planeta Tierra. Ambos apostaron por el "progreso" y "desarrollo" mediante el "crecimiento" económico y la explotación indiscriminada de la naturaleza humana y no-humana; la diferencia principal es de tipo estratégico. Lo que para el liberalismo económico es la "mano invisible" del Mercado que llevaría, en última instancia, al equilibrio social y la felicidad de tod@s, para el socialismo clásico es el "plan" estatal que establece la justicia social y llevaría al "reino de la libertad".

Para el diagnóstico de la "enfermedad" pandémica actual, ya no sirven estos parámetros, aunque esto no quiere decir que no importa si se abordara el tema desde el ángulo de la "libertad" o de la "justicia", desde una antropología fundamentalmente egoísta o solidaria, desde una concepción leviataniana (Thomas Hobbes) o contractualista (Jean-Jacques Rousseau) del Estado. Precisamos de nuevos instrumentos de análisis y diagnóstico, y de nuevos paradigmas para ofrecer remedios. En América Latina (uso aquí con propósito este denominador euro-colonial), se implementaba desde la Colonia una alternancia de paradigmas "liberales" (y neoliberales) y "socialistas", de modelos políticos copiados de Europa o Estados Unidos, sin tomar en cuenta la "América Profunda" o *Abya Yala* con su experiencia milenaria. Tanto los regímenes coloniales como republicanos subieron al tren del "progreso" y "desarrollo", y siguen apostando, contra viento y marea, a este sueño "americano" que se ha vuelto pesadilla. Inclusive gobiernos "progresistas" o "indígenas" como los de Rafael Correa en Ecuador o de Evo Morales en Bolivia, seguían la lógica del "progreso" y "desarrollo" y fomentaron, en contra de su propio discurso "pachamámico", el extractivismo y mega-proyectos mineros, petroleros y hidro-eléctricos. El supuesto "socialismo del siglo XXI", tanto en Venezuela como en Bolivia, no tiene mucho en común con las ideas de un socialismo democrático o los socialismos utópicos del siglo XIX (Saint-Simon, Fourier, Owen). Parece entonces, que la "enfermedad" no tiene que ver con la disyuntiva de capitalismo o socialismo, sino con algo que les une a los dos y que tiene sus raíces en un paradigma común de origen occidental.

Este paradigma se puede denominar el "paradigma progresista-explotador" que aglutina dos principios "ontológicos" que a su vez se desglosan en principios antropológicos, teológicos, éticos y económicos, para aterrizar finalmente en teorías y prácticas políticas. Estos dos principios son, por un lado, el principio de la linealidad y progresividad del tiempo ("avanzamos"), y, por otro lado, el principio de la "inanimidad" de la materia ("la naturaleza es objeto manipulable"). Es evidente que estos dos principios tienen sus raíces religiosas e ideológicas en una cierta interpretación antropocéntrica del judeo-cristianismo, pero también en el fuerte dualismo grecorromano entre materia y espíritu, cuerpo y alma, naturaleza y cultura. Este "complejo semita-helénico" se manifiesta, una vez liberado de su anclaje teológico, en la modernidad occidental como una mezcla tóxica para las alteridades, empezando por la mujer, pasando por los pueblos indígenas conquistados hasta llegar al medio ambiente o la naturaleza no-humana y el mismo cuerpo y genoma humanos. Se trata de un paradigma eminentemente "masculino" o androcéntrico con una razón conquistadora imperial y el afán de "descomponer" (análisis) para recomponer, y así para entender el mundo a fin de poder explotarlo *(knowledge is power)*. La concepción lineal del tiempo –de alfa a omega– sirve de matriz para la ideología imperial del "progreso" y "desarrollo": siempre más rápido, más alto, más fuerte *(citus, altius, fortius)*. He aquí uno de los fundamentos del "crecimiento ilimitado" del capitalismo y del expansionismo del colonialismo, como también de las múltiples formas de misoginia, sexismo, homofobia, racismo y machismo. El darwinismo social es su manifestación antropológica nítida, y el nacionalsocialismo (¡qué perversión de la palabra "socialismo"!) la ejecución más horrorosa.

El otro principio "explotador" deriva en la objetivación y "cosificación" de todo considerado "natural", inclusive a la mujer, la naturaleza no-humana y el cuerpo humano. Esta objetivación va de la mano con una "desanimación", la negación de tener "alma" o vida sensible y racional. Hasta el siglo XVIII, la mujer fue considerada en Occidente puro "recipiente pasivo" del esperma "activo" y "animador" del varón, portador pleno de la razón, y, por tanto, del poder social y político. Y la naturaleza no-humana viene a convertirse en "recurso", en medio de producción y objeto de explotación, sin derecho propio a existir. Está claro que la opresión y discriminación de la mujer, de los pueblos indígenas y afrodescendientes, va de la mano con la explotación de la naturaleza no-humana e inclusive humana (el genoma, los órganos etc.). Esta actitud frente a la "vida" en general puede ser denominada "mecanicista", que en el fondo es necrófila y suicida. Convertir a la naturaleza –incluyendo a la mujer "naturalizada"– en "objeto", se la convierte en mecanismo, máquina, autómata, "recurso" e instrumento que carecen de derecho propio de subjetividad y animidad.

En el plano político, se produce un mismo dualismo entre los "ciudadanos" representantes (por siglos exclusivamente masculinos) con pleno derecho y libertad, por un lado, y las personas "representadas" (mujeres, niños, extranjeros, no-propietarios, naturaleza), por otro. La "libertad", este niño mimado de la modernidad occidental, se limita desde un inicio a una pequeña parte de la humanidad y a una pequeña parte de las competencias de ésta, es decir el ejercicio político de voto y de poseer bienes. La idea de la "democracia liberal" de la que se jacta tanto Occidente, nunca fue completa ni integral, y mucho menos aplicada al manejo económico. En *Abya Yala*, una minoría colonizadora fue reemplazada por una élite criolla, sin que las grandes mayorías tuvieran "independencia" alguna. Y de este modo, el paradigma progresista-explotador europeo se viene globalizando en lo que se puede llamar un *hábitus* "imperial" patriarcal, capitalista, explotador y desarrollista. Los modelos de "desarrollo" implementados por los diferentes gobiernos de turno en América Latina, no difieren de fondo de lo que pasa en Europa o Estados Unidos, solo que supuestamente existe aún cierto "retraso" en la consecución de la meta final del paraíso hedonista-consumidor. Aunque todavía se defiende por amos y sirvientes el modelo de la acumulación ilimitada, es obvio que el planeta Tierra está por colapsarse.

En vista de este panorama: ¿qué remedios puede haber? Si la "enfermedad" no solo es parcial y temporal, sino endémica, crónica y global, resulta sumamente difícil imaginarse "otro mundo" posible más allá del sistema-mundo imperial. Como se dijo: ya no sirven los viejos paradigmas de "socialismo", "capitalismo", "liberalismo" u otros "ismos", sino que hay que ir más acá del complejo progresista-explotador de la modernidad occidental. Y esto implica, tomar la perspectiva de la parte "ignorada", "objetivada", "negada" y "explotada", es decir una óptica desde la alteridad de la mismidad europea-norteamericana. En esta perspectiva, se juntan las propuestas feministas, indígenas, despatriarcales, post-desarrollistas, comunitarias y ecosóficas.

Una perspectiva andina

Es obvio que en *Abya Yala* se busca el "remedio" en posturas que han resistido al imperialismo progresista-explotador, aunque fueron copadas por éste en múltiples formas. La cosmo-espiritualidad andina, también llamada "pachasofía" o Filosofía Andina, ofrece pistas alternativas y alterativas (desde la "alteridad") a la hegemonía patriarcal, capitalista, heteronormativa, explotadora y mecanicista que viene destruyendo la vida en nuestro planeta. Sin embargo, hay que advertir desde la entrada, que este tipo de discurso alternativo no es una receta para una cura global ni es inmune a la cooptación por el "pensamiento único" del sistema-mundo. Un ejemplo de tal peligro es la figura del "Vivir Bien" o "Buen Vivir" *(suma qamaña, allin kawsay, sumak kawsay)* que fue cooptada por los gobiernos "progresistas" de Ecuador y Bolivia (presentes en las nuevas constituciones políticas), como también por sectores "progresistas" del Norte global, hasta convertirse en una justificación de un "extractivismo indígena" o un "desarrollo endógeno". La Filosofía de la Liberación latinoamericana no ha desarrollado una "política" y "economía" que merece este nombre, porque se queda, en lo general, atrapada en el paradigma "progresista-explotador" respecto a la mujer y la naturaleza, enfatizando, en un principio, la "liberación" del hombre explotado, usando un vocabulario marxista y socialista que ya no corresponde a los desafíos de la interseccionalidad y del holismo ecosófico del siglo XXI. Sin embargo, el planteamiento de la Filosofía Andina se inserta en la veta de la Filosofía de la Liberación, sin por ello asumir sus supuestos eurocéntricos. Creo que el paradigma de la "liberación" debe de ser ampliado considerablemente (en el sentido de cómo lo ha planteado la Teología de la Liberación a partir del giro hermenéutico de los años 1990), para incluir los aspectos de género, etnicidad, culturalidad, ecología y espiritualidad. La cosmo-espiritualidad andina no habla de "liberación", sino de "equilibrio", "armonía" o del *suma qamaña – allin kawsay – sumak kawsay*.

En contraste con el principio progresista-explotador de la modernidad occidental dominante, la Filosofía Andina se basa en un principio cíclico-relacional. Esto quiere decir que la base de la realidad no es una "sustancia" o un "átomo" suisuficiente y aislado que posteriormente se conecta y relaciona mediante "accidentes" o atributos secundarios, sino que la "relación" misma (llamada *chakana*) es el fundamento "ontológico" de lo que existe *(pacha)*. Esta relacionalidad se manifiesta, a nivel de la concepción del tiempo, como ciclicidad, y no como linealidad o circularidad, tal como es el caso en las tradiciones semita y helénica, respectivamente. Este principio cíclico-relacional cuestiona –para formularlo en forma negativa– todo tipo de existencia separada y aislada ("ab-soluta") de entes y eventos particulares, pero también la exclusión mutua entre dos o más entes o eventos particulares (dualismos) y la progresividad e irreversibilidad del tiempo. "Progreso" y "desarrollo" son conceptos ajenos al principio cíclico-relacional, porque se sustentan en la competencia entre entes ("vivir mejor" en vez de "vivir bien"), en la jerarquización de entes ("mejor" o "peor") y en la exclusión de la relación como "tercer incluido *(tertium datur)* e incluyente" (*chakana* o puente).

En forma derivada, el principio cíclico-relacional se manifiesta como los principios de correspondencia, de complementariedad y de reciprocidad. Según el principio de correspondencia, el macro-cosmos corresponde al micro-cosmos, lo grande a lo pequeño, lo "espiritual" a lo "material", *hanaq/alax pacha* a *kay/aka pacha*, lo divino a lo humano, lo cósmico a lo micro-físico. No hay hiato intransitable e inconmensurable entre

distintos aspectos de la realidad *(pacha)*, ni en lo espacial ni en
lo temporal. Según el principio de complementariedad, la vida
es expresión y resultado de aspectos complementarios, descritos
en los Andes en términos de "sexuidad" (femenino-masculino),
y trasciende la bi-valoridad genérica y sexual. Tanto el mundo
considerado por Occidente como inerte (minerales; materia
inerte) como plantas, animales y el ser humano, pero también
los fenómenos espirituales y cósmicos forman parte de este
rasgo fundamental de la complementariedad. Este principio va
de la mano con la concepción panzoista o hilezoista (todo tiene
vida) que se opone radicalmente a la concepción occidental de
limitar la "vida" a los "seres vivos" (plantas, animales, seres
humanos). Y según el principio de reciprocidad, no hay acción,
suceso, acontecimiento que ocurre de por sí solo, sino que
siempre "provoca" un complemento recíproco por actores
complementarios. Este principio tampoco se limita al ámbito
del actuar humano ("ética" y "derecho" en acepción occidental),
sino se extiende a todos los seres y momentos en el tiempo
cíclico. En el fondo, este principio es la expresión nítida de la
"justicia" en sentido cósmico que se expresa mediante las
figuras del "equilibrio" y de la "armonía" *(taypi)*.

Aplicando estos principios (primario y derivados) a las
cuestiones de cómo diseñar "políticas" más allá de la disyuntiva
occidental de "liberalismo" y "socialismo", de "democracia
liberal" y "dictadura", ya se puede ver que no tiene que ver
solamente con la convivencia entre los seres humanos (en el
sentido de un "contrato social") o el "derecho formal" limitado
a sujetos humanos "personales". La "política" en acepción
andina tiene repercusiones cósmicas ("cosmo-política") e
incluye lo que Occidente excluye del régimen político: niñ@s,
extranjer@s, la naturaleza, lo espiritual, ancestr@s, la
pachamama, los *apus/achachilas*. Y la "economía", lejos de ser
separada de la "política", es el manejo pachasófico de la "casa
común", de la *pacha*, para conservar y criar la "vida" en su
totalidad.

Pautas para una ecosofía o "economía andina"

Las categorías occidentales de estado, sociedad civil y vida privada, como también la división entre política, economía, ética y espiritualidad, no son compatibles con la cosmo-espiritualidad o cosmo-vivencia andina. El "sujeto" –si cabe el término– político es al mismo tiempo sujeto económico, ético, espiritual y cultural; además, la subjetividad, en el sentido de ser portador de derechos y dignidad, no se restringe a lo humano, y mucho menos al individuo humano, la "persona". He aquí un tema neurálgico en el diálogo intercultural entre Occidente y lo indígena, sobre todo cuando se trata de la aplicación del "derecho" a la naturaleza o la *pachamama*, tal como fue propuesto por el Gobierno boliviano a declarar los "Derechos de la Madre Tierra". Para Occidente, portadores de derechos sólo son seres humanos en plena posesión de un sano juicio, y la responsabilidad se gradúa según el nivel de libertad de la persona humana individual o las condiciones que la limitan ("responsabilidad atenuada"). La naturaleza no-humana no puede ser "sujeto jurídico" (ni mucho menos político, económico, ético etc.) con derechos y dignidad, con tal de que puede ser "explotada" de forma ilimitada y sin escrúpulos éticos; la única limitación de ello puede formar el "derecho" humano a la alimentación sana, un medio ambiente no contaminado y la conservación de la vida. Es así que la "ecología" en acepción occidental no sólo se subordina a la economía y política, sino que se define en clave antropocéntrica como "protección del medio ambiente" para el bien de la humanidad actual y las futuras generaciones. En resumen: la naturaleza para la modernidad occidental no tiene "dignidad" intrínseca.

En los idiomas nativos de los Andes –quechua y aimara– no existe palabra para "naturaleza", porque no existe la bifurcación semita-helénica entre lo "humano" y lo "extra-humano", ni entre lo "cultural" y lo "natural", entre "espíritu" y "materia".

Por lo tanto, la "economía" no es una ciencia humana y mucho menos social, sino el manejo y cuidado prudente de la "casa común" *(oikos)* que es la *pacha*, este cosmos ordenado a través de relaciones vitales. La economía para la cosmo-vivencia andina no es más fundamental que la política por razones de análisis marxista (base económica – superestructura ideológica), sino porque tiene que ver en forma directa con la "vida" y su conservación. Pero la economía es al mismo tiempo "política", porque tiene que ver directamente con el manejo de la convivencia de los seres vivos bajo los parámetros de correspondencia, complementariedad y reciprocidad. La "vida" *(qamaña; kawsay)* es algo tan fundamental que engloba todo lo que existe y se extiende más acá y más allá de la "vida biológica". Es uno de los malentendidos en las teorías "occidentalizadas" del Vivir Bien / Buen Vivir el hecho de que se concibe la "vida" o el "vivir" en clave antropocéntrica o al menos biocéntrica. Hablando de "economía andina", debemos pensar en forma cosmocéntrica o *pacha*-céntrica, lo que implica que no se trata solamente de la implementación de nuestra "casa" *(oikos)*, sino de la "casa común" o "casa cósmica" que al mismo tiempo es concebida como organismo.

La "economía andina" no tiene que ver, en primer lugar, con "bienes", dinero, mercancía, servicios y riqueza, sino con la "vida" que es una relación y no una cosa o un "bien". Hasta podríamos decir que la "vida" es la relacionalidad misma, porque sin relaciones (en sus múltiples formas) no hay vida, y sin vida (en su dimensión panzoica) no hay relaciones. La "casa" es la metáfora de una compleja estructura de relaciones que fomentan y conservan la vida, y la economía es su reflejo a nivel del sentí-pensar humano. Como la *pacha* es un organismo vivo del que el ser humano forma parte, la función económica del ser humano no es la de "explotar" y "producir", sino la de cuidar y criar, la de vigilar por el equilibrio cósmico y de restablecerlo si fuera necesario. La "vida" en acepción andina tiene que ver, en principio, con una relacionalidad balanceada,

con un equilibrio o un balance que se expresa en los
mencionados principios pachasóficos. De esto son testigos las
enfermedades típicamente andinas como el "susto", el "agarre
de la tierra", el "mal ojo" o el "mal viento", porque son
expresiones de un equilibrio dañado y de una desarmonía. Lo
mismo ocurre con el "organismo cósmico", con lo que
Occidente suele llamar "naturaleza"; el cambio climático que
actualmente presenciamos, es en perspectiva andina una
"enfermedad", es decir: un desequilibrio producido por la
ruptura de la relacionalidad por parte del ser humano.

Si el ser humano no es "productor" en el sentido de "creador",
su función es la de transformar lo que le rodea, pero no de
"aumentar" ni masa ni energía, y, por tanto, no de "acumular" o
"crecer". La economía en clave occidental –sea neo-clásica,
socialista, keynesiana u otra– habla del Mercado y del dinero
como si fueran humanos: "el Mercado se recupera; el dinero
crece; el Mercado reaccionaba muy sensiblemente; el Mercado
se pone nervioso; la bolsa se muestra sana y robusta". Por otro
lado, habla de los seres vivos y de la "naturaleza" en términos
de mercancía: "recursos naturales; capital humano; la vaca es
un producto bien cotizado; la quinua es un producto que arroja
altas ganancias; una vida humana en EE.UU. cuesta 11.2
millones de dólares". Para la economía en clave occidental,
todo puede convertirse en "mercancía", en valor monetario y en
producto, inclusive el trabajo; y lo que no se mide por su valor
monetario o bursátil, simplemente no tiene valor económico.

Lo que para la economía andina es lo fundamental e
imprescindible, el "cuidado" y la crianza de la vida, para la
economía occidental (tanto capitalista como socialista) no tiene
valor económico, no es considerado factor productivo, porque
no arroja ganancias ni contribuye a la acumulación y al
"crecimiento". Por medio del impacto del feminismo, en
Occidente se plantea actualmente con ímpetu cada vez más
fuerte la "economía del cuidado" *(care economy)*, esta parte

invisible e invisibilizada en los balances y PIBs (Producto Interno Bruto): la reproducción de la vida, el cuidado de niñ@s, enferm@s, ancian@s, personas con discapacidad, pero también la regeneración de la vida dañada mediante servicios de salud física, mental y espiritual. Mucho de este trabajo no es remunerado y no forma parte de la "creación de valor" de un país, lo que justamente en tiempos de pandemia se refuta de modo contundente. En la economía andina, la "economía del cuidado" no solo es lo más importante, sino el sustento de todo lo demás.

Según los principios pachasóficos, la economía andina debe de vigilar el equilibrio a nivel familiar, comunal, regional, nacional, global como cósmico. Como vivimos en un mundo finito y limitado, no puede haber "crecimiento" absoluto, es decir: incremento de lo que existe, sino sólo "crecimiento" relativo o transformación. La economía en acepción andina es básicamente una empresa transformadora: transforma la "vida" en sus diferentes aspectos, criando plantas y animales, procesando minerales, almacenando energía existente, sustituyendo instrumentos naturales por "artificiales". En el proceso de transformación –que Occidente llama en forma errónea "producción"– rige la ley universal de la conservación de masa y energía de tal manera que cada "bien" tiene su ciclo de vida. El principio de "sostenibilidad", tan importante para la nueva "economía verde" en Occidente, significa para los Andes simplemente que cada "recurso" gastado y cada "bien" usado tiene que ser reemplazado o recompensado por otro recurso o bien. He aquí el principio de relacionalidad tal como rige en lo económico: como todo tiene que ver con todo, cada "desgaste" de bienes o recursos debe de ser restituido en forma recíproca. Esto quiere decir, por ejemplo, que un bien tiene que ser reciclable en un ciclo de vida prudente, y que las consecuencias nocivas –bicarbonato; pesticidas; fungicidas etc.– no pueden acumularse ilimitadamente hasta dañar el equilibrio del planeta.

En la economía campesina todavía no conectada al Mercado Global, estos ciclos de vida pueden ser conservados de manera bastante armoniosa. Pero si entran "productos" ajenos como el plástico o fertilizantes químicos, se nota los efectos que cado uno y cada una de nosotros conocen: un desfile interminable de botellas y recipientes de plástico a lo largo de los caminos de los Andes. Una economía andina de verdad debe vigilar estos ciclos de vida de "productos", servicios, transacciones, inversiones etc. para que la vida se conserve y el equilibrio se mantenga en todos los niveles. Si una actividad económica no contribuye a ello, tal como la especulación bursátil, la producción de armas, el mero afán de lucro y la acumulación de bienes o dinero, no está conforme con los principios fundantes de la cosmo-vivencia andina. El principio de ciclicidad, por ejemplo, demuestra claramente que "crecimiento" no es una característica de la economía, sino solo de seres vivos; el ideal andino no es "más rápido, más alto, más fuerte" *(citus, altius, fortius)*, sino el simple cuidado de la vida. Para garantizar esto, se requiere de una cierta organización y planificación. El verdadero "progreso" es la conservación del equilibrio, para la racionalidad occidental moderna una paradoja.

La cuestión de la "propiedad" que está en el centro del debate entre liberalismo y socialismo, para la economía andina es secundaria. En primer lugar, no puede haber "propiedad" alguna de bienes comunes que nos ofrece la "naturaleza", es decir de los llamados "recursos naturales" como el agua, la tierra, los minerales, el aire y los hidrocarburos fósiles. Ni el Estado ni actores privados (empresas transnacionales, personas particulares, conglomerados) pueden "poseer" estos bienes comunes, porque, como Proudhon ha señalado de manera acertada, se trataría simplemente de un "robo", de la usurpación de algo que pertenece a tod@s. En segundo lugar, la "propiedad" atenta contra el principio de la relacionalidad, al "cosificar" o "comodificar" (*commodities*: "mercancía") algo que de por si es relacional y vital. En un sentido muy profundo, los "recursos naturales" son "víveres", es decir bienes que forman la base de la conservación y reproducción de la vida. Lo que hace posible la vida, no puede ser "privatizado", es decir "sustraído" de todas las personas, animales, plantas y seres espirituales que lo necesitan para vivir. He aquí un aspecto ético que también subraya la Filosofía de la Liberación Latinoamericana: la vida es algo que no es negociable, y los sustentos de vida, por lo tanto, tampoco.

El ser humano no es propietario (ni en forma privada ni estatal o comunal) de los "recursos naturales", sino su cuidante y usuario; hace uso de ellos para conservar y regenerar su vida. En caso contrario, se los sustrae a todos los demás, con la consecuencia de que much@s ya no están en condiciones dignas de conservar y reproducir sus vidas, lo que significa, como lo apreciamos en el sistema capitalista dominante, pobreza, miseria e indigencia. También la comunidad y el Estado-Nación sólo hacen usufructo de los "recursos", para asegurar la vida de sus pobladores. Mientras que el socialismo plantea la "propiedad colectiva" de los medios de producción (y los recursos naturales son considerados como tales) y el capitalismo la "propiedad privada" de los mismos, una economía andina plantea que no puede haber propiedad alguna de los "medios de producción", aunque no considera los "recursos naturales" como medios de producción, sino como medios de vida. En este punto, la teoría de los "bienes comunes" *(commons)* plantea algo muy similar: es la comunidad que hace uso de los bienes comunes y se los hace disponibles a toda la humanidad, sin apropiarse de ellos. La diferencia más significativa entre esta teoría y la acepción de la economía andina, radica en el hecho de que la segunda amplía la economía al mundo no-humano: el criterio vital es la conservación y reproducción de la vida de todos los seres (vivos), y no solamente del ser humano.

Para las economías occidentales, "progreso" en el sentido del mejoramiento de las condiciones de vida y del bienestar, es fundamental, y tiene que ver con la concepción lineal-progresiva-optimista del tiempo. Para la economía andina, el "progreso" no se mide por el "crecimiento" de bienes, servicios y riquezas, sino por el grado de balance o equilibrio del organismo cósmico del que la humanidad forma parte. El Vivir Bien o Buen Vivir no apunta a "vivir mejor", sino a una con-vivencia armoniosa que garantiza la vida de tod@s, incluyendo lo que Occidente llama "naturaleza". En un mundo finito, no puede haber "progreso" en el sentido de "aumento" de riqueza y bienes para todos los seres, sino que el "progreso" de unos lleva irremediablemente al "retroceso" de otros. Para que tod@s tengan un estilo de vida estadounidense, necesitaríamos siete planetas Tierra; la idea del "progreso" y del "crecimiento ilimitado" lleva a una bifurcación dentro de la humanidad. Unos se vuelven más ricos, otros más pobres, y además, las dos tendencias se dan a costa de la naturaleza no-humana. Las bonanzas del "progreso" y "crecimiento" sólo es una realidad para un tercio de la humanidad, pero son nocivas para los otros dos tercios y para la naturaleza no-humana. Semejante sistema ni es sostenible ni racional, sino que es el reflejo de un egoísmo humano supuestamente universal. La economía andina no apunta al "progreso" ni al "desarrollo" o "crecimiento"; mantener el balance –un horror para los economistas neo-clásicos– es un ideal que es sostenible y racional.

El principio de reciprocidad se manifiesta, a nivel económico, como *ayni*, es decir como "contribución y retribución mutua", comúnmente llamado "ayuda mutua". Este principio rige tanto para la organización del trabajo como para la repartición de bienes y servicios. Es tal vez la forma andina de la división de trabajo, aunque los roles se rigen sobre todo por principios pachasóficos y no por estereotipos genéricos. Pero el *ayni* no funciona sobre la base de "contratos individuales" (hoy yo por ti, mañana tu por mi), sino sobre la organización comunal *(ayllu)* de los bienes, servicios y del trabajo. El "trueque" (M1-M2; mercancías) es sólo una de las muchas formas del *ayni*; el dinero (D) como medio de cambio y medición (M1-D-M2) no es algo que atente en principio contra la economía andina. Sólo si el dinero se vuelve mercancía (D1-M-D2) o inclusive objeto de especulación (D1-D2), ya no cabe en los parámetros de la economía andina. El *ayni* contribuye tanto en lo pequeño como en lo grande al equilibrio social-espiritual-cósmico, y por tanto, a la conservación y reproducción de la vida, razón y objetivo de cualquier actividad económica en clave andina.

Gobernar obedeciendo

Lo "político" que para la modernidad occidental se ha emancipado de la economía, o más bien se ha vuelto su fiel reflejo ("una democracia conforme al Mercado") y facilitador ("el Estado como marco necesario del Mercado"), para la cosmo-vivencia andina está estrechamente ligado con lo económico, porque apunta a la misma meta, la conservación y reproducción de la vida. Para el liberalismo y capitalismo económico, la esfera política debe de ser reducida a un mínimo de regulación, tal como las reglas del tráfico; para el socialismo, la esfera política abarca toda actividad económica. Entre un Mercado supuestamente "libre" y una economía supuestamente "planificada", lo "político" en acepción andina juega un papel de coordinación, servicio y redistribución de riqueza cuando los mecanismos "económicos" de por sí no logran implementar la "justicia" en el sentido del equilibrio y de la armonía señalados antes. Lo político no se restringe al Estado (y sus instancias a nivel regional y municipal) ni se extiende a la planificación exhausta del manejo económico. La figura del Estado-Nación es una creación de la Europa moderna, exportada a todo el mundo mediante la colonización y dominación cultural (imperialismo simbólico). Pero no se trata de una entidad política acorde a los parámetros de la Filosofía Andina. La idea del "Estado" como producto de un contrato social se basa en el individualismo y la libre creación de lo que Hobbes llamaba el "Leviatán", remedio imprendiscible para contener la violencia del "lobo" humano *(homo homini lupus)*; es el producto "demiúrgico" de la voluntad general (Voltaire) de las personas llamadas "ciudadanos" –por mucho tiempo sólo varones propietarios adultos– a fin de terminar con un "estado natural" de la guerra de todos contra todos.

Para el liberalismo y neoliberalismo económico, el Estado es un mal necesario que se diluye con el funcionamiento "perfecto" del Mercado; para el socialismo, el Estado es la totalidad de las funciones sociales y económicas y recién se diluye con la sociedad comunista perfecta. Para la cosmo-vivencia andina, el Estado es una entidad ajena y foránea, colonial y neo-colonial, porque no concuerda con los límites de entidades nacionales y étnicas, ni con los ámbitos del régimen pachasófico de reciprocidad y complementariedad. El *Tawantinsuyu* no ha sido un "Estado" en términos occidentales, sino una suerte de dictadura monárquica que intentó imponerse a otras naciones mediante la fuerza. No es suficiente para la construcción de una "política andina" recurrir a modelos pre-coloniales, porque tampoco corresponden a los principios fundamentales de la cosmo-vivencia andina. El Estado Plurinacional, tal como Bolivia lo plantea desde la nueva Constitución política de 2009, es un intento de "refundar" la idea de "estado" sobre la multiculturalidad y plurinacionalidad, pero no sabe superar la idea fundamentalmente eurocéntrica de "Estado". La idea de José Martí (e inclusive de Simón Bolívar) de "Nuestra América" como entidad política supra-nacional (o tal vez plurinacional) se asemeja a la idea de una *Abya Yala* unida, una confederación de las naciones (no: estados) del continente. Sin embargo, la idea andina de lo "político" empieza por lo pequeño (el *ayllu* o la comunidad) para avanzar hacia lo grande (local, regional, nacional, global). En este proceso de ir de lo pequeño a lo grande, rige el principio de correspondencia: los principios que rigen para el *ayllu*, deben regir también para el parlamento mundial.

Estos principios tienen que ver, por supuesto, con los principios pachasóficos de relacionalidad, complementariedad, reciprocidad y ciclicidad. A pesar del "personalismo" del *Tawantinsuyu* –los incas como monarcas y el culto a sus representantes– el senti-pensar andino no fomenta el "personalismo" político ni mucho menos el culto al individuo político (presidente, rey, primer ministro etc.), sino a los cargos de "servicio" que se turnan y que son relacionalidad en sí. A nivel del *ayllu*, los "cargos" –como se llaman las funciones políticas– no se ejercen de forma individual ni por tiempo ilimitado, sino en general en forma de complementariedad (pareja) y por rotación cíclica (puede ser de un año o más). Para retomar un lema de los zapatistas del sur de México, se trata de "gobernar obedeciendo". Las personas que tienen un "cargo" *(carguyoq)* deben de "escuchar" y de hacer eco de lo que dice la comunidad ("obedecer") y no de "mandar"; la soberanía queda en la colectividad que incluye también a la naturaleza no-humana.

Esto significa que el "gobierno" político no está ni para enriquecerse ni para jactarse, sino para "servir". En primer lugar, la pareja en el cargo sirve a la comunidad, pero en un sentido más amplio, sirve a la vida en sus muchos aspectos, incluyendo a lo que Occidente llama "naturaleza". Por esto, un cargo político siempre incluye también una función espiritual, lo que se manifiesta (en el mundo aimara y quechua) en un gobierno mancomunado entre el cargo netamente político *(jilaqata* o *carguyoq)*, ritual *(yatiri* o *paq'u)* y sapiencial *(amauta)*, muy parecido a la idea platónica que el verdadero gobernador debe ser filósofo o sabio. Sin embargo y en contraste como la "democracia" griega, la pareja-gobernadora andina no tiene nada de "aristocrática" ni de "élite", porque cada miembro del *ayllu* puede aspirar a ocupar este cargo (la palabra ya lo dice: no se trata de un privilegio, sino de una responsabilidad). Las condiciones son más bien de tipo pachasófico: formar pareja (heterosexual), haber comprobado la integridad de ser comunero/a, entenderse como servidor/a y no como dominador/a y ceder su lugar después del ciclo de "gobierno" a otra pareja.

En las sociedades regidas tanto por el capitalismo como por el socialismo, la "élite política" está siempre en peligro de ser seducida por el poder, la avaricia, la corrupción y la fama. En el caso capitalista, el o la político/a está bajo la presión por parte de los actores económicos de gobernar de tal manera que el "libre Mercado" no encuentre obstáculos (corrupción de "favores" y clientelismo), en el caso socialista, la propiedad estatal de los "recursos" fomenta el abuso y la usurpación de las riquezas por los funcionarios (corrupción de "apropiación" y oligarquía). Por la "paridad" *(yanantin)* de los cargos y su rotación cíclica, como también por los procedimientos de control y vigilancia, el "gobierno" en clave andina no está en peligro de sucumbir ante la seducción de la corrupción. Esto no quiere decir que un gobierno "indígena" como lo fue el Gobierno de Evo Morales en Bolivia, no hubiera sido –por lo menos en parte– corrupto. No ha sido "andino" en el sentido de lo expuesto, sino una suerte de hibridez imposible entre principios europeos y aplicaciones andinas: un sistema presidencialista personalizado heredado de la Colonia y de las democracias liberales de Europa (sobre todo de Francia), amalgamado con elementos de procedencia andina como el aspecto espiritual y ritual, la recurrencia a los "cabildos" y "ratificación popular", como la inclusión de elementos "indígenas" en la Constitución política (el Vivir Bien, la complementariedad, la *pachamama* etc.) y en las políticas en los campos de derecho (pluralismo jurídico), educación (interculturalidad), salud (pluralismo médico) y economía (pluralismo económico).

La idea occidental de la "democracia" (gobierno del *demos* o
"pueblo") nunca se ha realizado a plenitud en ninguna parte del
globo terráqueo. En la antigüedad europea, solo los varones
"nobles" de la *polis* ("ciudad") griega (por esto la expresión
"ciudadanos" y la de "política") que tenían propiedad, eran las
personas que podían determinar el destino del "pueblo"
(demos); mujeres, niñ@s, ancian@s, foraster@s, esclav@s, l@s
sin propiedad no formaban parte del *demos*. Y también en las
diferentes formas de la democracia europea en la época
moderna, este *demos* estaba limitado por siglos a la clase
poseedora letrada masculina adulta (apenas un 3% de la
población). En algunos países de América Latina, los miembros
de pueblos indígenas recién en la segunda mitad del siglo XX
llegaron a formar parte de este *demos*, tal como las mujeres (en
Ecuador, las mujeres obtuvieron el derecho de voto en 1928, los
indígenas *de facto* recién en 1978 cuando se abolió el requisito
de ser alfabeto/a). Y hasta el día de hoy, en todas las
democracias del mundo, hay una gran parte de la población
("pueblo") que no tienen voz ni voto, porque son menores de
edad, extranjer@s (migrantes o refugiad@s), personas bajo
tutela o miembros de las Fuerzas Armadas. La "política andina"
asume la idea básica de la "democracia", pero le da un sentido
mucho más profundo; el *demos* no es ni una parte de los seres
humanos que habitan un determinado espacio ni todas las
personas humanas, sino toda la colectividad que incluye
también "sujetos" no-humanos como la Madre Tierra
(pachamama), los ancestros y los espíritus. Claro que en las
deliberaciones políticas, existe cierta representatividad; la
Madre Tierra, por ejemplo, se manifiesta a través de l@s
sabi@s y "chamanes" *(yatiris, paq'us)*, l@s ancestr@s y
espíritus que están presentes mediante el ritual y la invocación,
y las futuras generaciones tienen voz y voto a través de la
asamblea ("cabildo") que siempre incluye a todos los actores a
fin de mantener el equilibrio.

Se trata, entonces, de una democracia "directa" a nivel de las comunidades, y de democracias representativas a nivel regional, nacional y global. Pero en contraste con las democracias liberales de Occidente, se trata de democracias "plenas" que incluyen la economía, la espiritualidad, los procedimientos jurídicos ("justicia comunitaria") y los derechos de la naturaleza no-humana ("derechos de la Madre Tierra"). No es la mayoría simple que decide en última instancia, sino la "unanimidad" que se logra a través de debates abiertos y respetuosos. Este aspecto se fundamenta en la relacionalidad como principio último para la verdad y normatividad; no se puede llegar a un equilibrio duradero, si una minoría está excluida. El arte de llegar a "consensos" requiere de capacidades que tienen que ver con aspectos espirituales, psicológicos y pachasóficos. Como la "política andina" sustenta una confederación de *ayllus* (comunidades), regiones y naciones, el consenso se requiere sobre todo a nivel de las entidades que forman la "federación" mayor. La "soberanía" –un concepto no muy andino– está en la competencia de las colectividades locales que ejercen una democracia directa; las entidades mayores (regiones, naciones, confederación global) sólo tienen "soberanía" en forma derivada.

Este modelo requiere de muchos elementos de "diálogo" o "polílogo" inter-étnico, intercultural, interreligioso e inter-nacional. El principio directriz es el de la subsidiariedad: lo que se puede resolver a un nivel menor, no hay que delegar a un nivel mayor. Los niveles o entidades políticas mayores ya son abstracciones y sólo funcionan mediante la representatividad; tienen ante todo una función de coordinación y comunicación. Presenciamos en estos momentos de crisis –pandemia, clima, finanzas, democracia, civilizatoria– una crisis de la "globalización" neoliberal a ultranza. No son los actores de la globalización (empresas transnacionales, el libre comercio, el libre flojo de capital) que saben resolver la crisis de Corona, sino los actores locales (gobiernos, ayuda vecinal, solidaridad local). La economía capitalista globalizada es uno de los factores decisivos para la expansión de la epidemia y de su extrapolación a volverse pandemia, pero es impotente ante la solución de la crisis. Inclusive en lo político, se puede presenciar un despliegue de soluciones "nacionales" y regionales a las múltiples crisis. Las "economías locales" con trayectos cortos entre producción y consumo están en auge, aunque las empresas transnacionales no dejan de apostar por los "nichos" de producción con bajos costos fijos (salarios, alquileres, recursos).

Para el mundo andino, el lema de la "glocalización" –pensar globalmente, actuar localmente– puede ser una forma y un ideal heurístico tanto en lo político como en lo económico y social. Una economía del cuidado y de la crianza de la vida, una democracia rotativa y complementaria, una convivencia respetuosa y sostenible puede realizarse de mejor manera en ámbitos geográficos no muy amplios. Para vivir dignamente (Vivir Bien/Buen Vivir), no es necesario importar arroz desde Tailandia ni juguetes de China, como tampoco pasar el "tiempo libre" (otro concepto típicamente occidental) en un Crucero en el Caribe.

¿Es universalizable este modelo?

Existen muchísimos argumentos que parecen condenar este tipo de planteamiento desde el inicio al fracaso. Los más frecuentes: Ni en los Andes se "vive" lo que se llama la "cosmo-vivencia" andina con sus principios de relacionalidad, correspondencia, complementariedad y reciprocidad, sino que la mayoría está impregnada por los principios del capitalismo neoliberal y de la globalización cultural y de consumo. Y un segundo dice que no se puede "universalizar" un modelo surgido en un contexto tan peculiar como el andino.

Hay diferentes respuestas a estos cuestionamientos. En primer lugar, una práctica (económica, política, social) que contradice cierto ideal (por ejemplo del Vivir Bien, Buen Vivir), no invalida el ideal mismo. Esto compete a todo el mundo; los economistas neo-clásicos se enfrentan a diario a prácticas anti-liberales como el proteccionismo comercial actual de EE.UU., la intervención estatal en tiempos de pandemia, el *buy out* de los bancos por el Estado durante la crisis financiera (2008/9), pero por ello no cuestionan el ideal del (neo-)liberalismo mismo. Inclusive en el caso del "socialismo", los muchos abusos por parte de las élites del "socialismo real" de la Ex-Unión Soviética y sus aliados no invalida la idea y el ideal del "socialismo". Un análisis realista y no-ideologizado de la situación actual de los países "andinos" muestra que tanto en lo económico, político como en lo social y espiritual, las sociedades respectivas se ubican lejos del ideal "político" diseñado. Los gobiernos "indígenas" o "indigenófilas" de Bolivia y Ecuador, junto a otros gobiernos de "izquierda" han dado pasos decisivos hacia este ideal, pero tropezaron en el camino con contradicciones internas insuperables y un contexto internacional adverso, o sucumbieron simplemente ante la seducción por el poder, el dinero y el culto a la persona.

Hoy día, en América Latina –no sólo en los países andinos– se ha instalado una nueva derecha y una economía extractivista a ultranza, como demuestra el caso de Brasil, Bolivia y Ecuador. Pero como intenté explicar, no se trata simplemente de "derecha" e "izquierda", sino de la orientación de los gobiernos y sus respectivas sociedades civiles por modelos que atentan contra la vida de muchos sectores de la comunidad humana y sobre todo el equilibrio ecológico, espiritual y cósmico. Los feminicidios han aumentado de manera preocupante, las migraciones forzosas también, y la destrucción del "medio ambiente" llega a niveles que ya no permiten retornar al equilibrio perdido y dañado. Para esta situación, en el mundo andino existe una figura que se llama *pachakuti*. Esta palabra quechumara (quechua y aimara) significa literalmente el "retorno de la *pacha*", es decir la re-volución cósmica en un sentido disruptivo y no continuo. En el *pachakuti* se revela otro tipo de ciclicidad –aparte de los ciclos astronómicos, meteorológicos, agrícolas y biológicos– que tiene que ver con la historia (tanto humana como no-humana). Según la cosmo-espiritualidad o filosofía andina, la *pacha* pasa por grandes ciclos que terminan en un *pachakuti*. De este, se abre posteriormente un nuevo ciclo con un equilibrio perfecto en un inicio (muy parecido a la metáfora bíblica del Jardín de Edén). Según l@s maestr@s sabi@s de los Andes, l@s *amautas*, *yatiris* o *p'aqus*, cada ciclo "histórico" comprende alrededor de 500 años. Se supone que la Conquista hace quinientos años fue un tal *pachakuti*, y que hoy estaríamos ante la inminente llegada de un nuevo *pachakuti*. Las señales de esta inminencia se pueden apreciar en el creciente desequilibrio, tanto en sentido social como ecológico, político y económico, pero sobre todo en el creciente número de las llamadas "desastres naturales", pandemias y enfermedades contagiosas. El cambio climático es considerado una señal manifiesta de que la *pacha* como relacionalidad equilibrada está por colapsar, porque por lo visto no hay remedio de restablecer el equilibrio dañado. La pandemia de Corona hace inclusive más inminente un tal *pachakuti*.

Tanto a nivel regional (andino) como continental *(Abya Yala)* y global, se evidencia cada vez con mayor claridad que el camino que toma la humanidad, no es viable ni globalizable. Se requiere de un paradigma totalmente distinto, porque la humanidad con sus líderes políticos y CEOs (*Chief Executive Officers*: el lenguaje militar dilata) económicos sigue principios que atentan contra la vida en su totalidad y llevan irremediablemente al colapso del sistema-mundo y del planeta mismo. Se requiere de una "alternativa" o "alterativa" realmente distinta en los fundamentos para diseñar caminos de "conversión". Lo que acabo de plantear, me parece tal "alterativa", al menos para el mundo andino y tal vez para toda *Abya Yala*. Si este camino tiene que pasar por un *pachakuti* que incluye mayor violencia y disturbios, depende mucho del tiempo de espera inútil y de la ceguera de los actores principales, inclusive del *demos* en América Latina.

Cabe responder a la pregunta si este paradigma de "economía" y "política" es o no universalizable. Antes de entrar a este punto, hay que señalar que la filosofía occidental o el capitalismo neoliberal nunca se han preguntado si fueran universalizables, sino lo presuponían como una verdad *a priori*. Sin embargo, sabemos, que esta "universalización" que en la forma real concreta se llama "globalización", sólo se hizo posible gracias a la violencia estructural, al colonialismo, la esclavitud y la explotación indiscriminada de seres humanos y de la naturaleza no-humana. Además, hasta el día de hoy, no logró permear a todas las culturas, imponerse a todos los pueblos y "mojar" *(trickle down effect)* a todos los seres humanos con sus bondades; hay una mayoría creciente excluida del Mercado y considerada "excedente". Una "universalización" real del paradigma económico-político dominante es imposible porque no disponemos de siete planetas Tierra ni de la capacidad de ellas de absorber todos los residuos tóxicos de este modelo "ideal" (en perspectiva capitalista). La cuestión por la "universalización" del paradigma de convivencia andina no pasa por la cuestión si este fuera o no "globalizable", sino si se trata de un modelo "sostenible" en un sentido holístico: económico, político, social, cultural, espiritual, cósmico. Además, no es parte de la misma cosmo-espiritualidad andina la intención de "imponerse" a todo el mundo, sino de relacionarse con otros "mundos" mediante diálogos y polílogos interculturales, interreligiosos e inter-nacionales (dentor del mundo hay muchos mundos posibles). Se trata de un paradigma contextual con aspiración universal, pero el modo de transitar de lo contextual ("andino") a lo inter-transcultural depende de la capacidad real de estos diálogos y polílogos. En otras palabras: la supuesta "universalidad" del planteamiento señalado no está dada de forma *a priori* y monocultural, sino que recién se manifiesta en y a través de la relacionalidad, en este caso: en y a través de diálogos y polílogos a nivel regional, continental y global.

Para América Latina o *Abya Yala*, valdría la pena hacer el ejercicio de salir de la "mismidad" occidental de siempre – liberalismo, capitalismo, socialismo, democracia liberal, izquierda, derecha– y apostar por la alteridad epistemológica, filosófica, espiritual y ontológica, es decir: por una "alterativa" que ya existe en forma "seminal" (Rodolfo Kusch) y que tiene una trayectoria de miles de años. Para ello hay que voltear la perspectiva –como los cautivos en la parábola de la Caverna de Platón– y dejar de cautivarse por las "sombras" del mundo de consumo, despilfarro y "verdades alternativas" *(fake news)*.

Los pueblos en movimiento
frente a la violencia sistémica

Raúl Zibechi

Las múltiples violencias que afectan a los pueblos latinoamericanos tienen raíces estructurales, de carácter colonial y no son en absoluto excepcionales, porque nunca dependieron de la voluntad de un gobierno, ni siquiera de una coyuntura especialmente crítica. Con el advenimiento del neoliberalismo y un modelo de sociedad articulado en torno a la acumulación por despojo, el hecho colonial –las relaciones políticas, sociales y económicas tejidas en clave de jerarquías por el color de piel– resulta actualizado y reafirmado. La militarización de la vida cotidiana, el crimen organizado y los feminicidios deben comprenderse en ese contexto y pueden resumirse en una guerra contra los pueblos y los pobres para despejar territorios, con el objetivo de convertir los bienes comunes en mercancías.

Debemos proceder a una mirada integral, ya que en la mayoría de los análisis que surcan el firmamento del pensamiento crítico, se puede comprobar una tendencia a escindir la economía de la política, la coyuntura de la estructura, como si fueran variables completamente separadas, perdiendo de ese modo el hilo sistémico en la comprensión del mundo. Existe cierto consenso entre los pensadores críticos, en aceptar la tesis de David Harvey sobre la acumulación por desposesión/despojo como núcleo de la acumulación de capital en este período de decadencia del sistema-mundo (Harvey, 2004). Sin embargo, no contamos con análisis capaces de vincular el despojo y la destrucción de la madre tierra y de quienes la habitamos (la dinámica de lo que llamamos "economía"), con el sistema político denominado democracia representativa, como si ambas esferas fueran autónomas.

Algo similar sucede con las interpretaciones acerca de las violencias, desde los feminicidios hasta las matanzas de los grupos criminales, incluyendo las estatales y paraestatales. Las más de las veces, se recoge la impresión de que esas violencias son episódicas o coyunturales, rehuyendo la posibilidad de considerarlas como parte indisoluble del sistema-mundo capitalista en su etapa actual y de condición para mantener las opresiones que blindan la explotación de la fuerza de trabajo. Del mismo modo, se aborda la democracia con la creencia de que sigue siendo la misma que funcionó en períodos anteriores al despliegue de la acumulación por despojo.

Por el contrario, pienso que estas insuficiencias analíticas son inseparables de la crisis del pensamiento crítico y lo constituyen, atado como está a su origen colonial/patriarcal en el centro del sistema-mundo. O, como señala Frantz Fanon, un pensamiento nacido en la zona del ser que pretende aplicarse sin más a la zona del no-ser (Fanon, 2011). Buscaré, por tanto, comenzar a trazar algunos vínculos o puentes entre las diferentes variables del capitalismo actual, con la intención de avanzar en el diseño de miradas analíticas capaces de dar cuenta, de modo más integral, de nuestras opresiones.

Creo, además, que el análisis de este período de la historia no puede quedar atrapado en las cuestiones estructurales, en particular las económicas, porque sería tanto como repetir viejos vicios del pensamiento crítico que resultan funcionales al sistema que, supuestamente, se desea superar. Aún estamos lejos de poder integrar las ritualidades y sacralidades de nuestros pueblos en los análisis sobre la crisis sistémica y el modo de superarla. De modo que no tenemos otro camino, si deseamos profundizar en los análisis, de caminar con la humildad necesaria, reconociendo las debilidades de nuestras capacidades y lo mucho que aún debemos aprender de los pueblos en movimiento.

En la parte final, sostengo que las prácticas colectivas de los pueblos en movimiento son el modo de superar esta situación y, además, son el anclaje epistemológico necesario para contrarrestar una "mirada desde arriba" que nos conduce a un callejón sin salida. En los movimientos/pueblos en movimiento, encontramos a menudo un entrelazamiento entre las dinámicas de resistencia al patriarcado, al colonialismo y al capitalismo que nos permiten entrever salidas a la actual crisis sistémica.

¿Extractivismo o sociedad extractiva?

Lo primero que quiero abordar es la conveniencia de nombrar el sistema como "sociedad extractiva", ya que el concepto de "extractivismo" aparece atado a la economía. Ni el extractivismo, ni el capitalismo, son modelos económicos. El capitalismo no es una economía, aunque hay una economía capitalista. El extractivismo no es una economía, son sociedades o entramados de relaciones sociales que van mucho más allá de la economía ya que abarcan todos los aspectos de una sociedad (Zibechi, 2016).

El extractivismo es un modelo de recolonización de nuestras sociedades o una reactualización modificada del hecho colonial. En esta dirección, voy a mencionar algunas características del modelo extractivista que abreva en diversos análisis.

En primer lugar, el extractivismo implica una ocupación vertical del territorio, ya sea a través de los monocultivos, la minería o los hidrocarburos. En segundo, establece relaciones asimétricas entre las grandes empresas transnacionales y los estados y las poblaciones. Desde un punto de vista estructural, el principal efecto del extractivismo ha sido "reinstalar un nuevo patrón de asimetrías económicas y geopolíticas a través de la creación de territorios especializados en la provisión de bienes naturales, intervenidos y operados bajo el control de grandes empresas transnacionales (Colectivo Voces en Alerta, 2011: 12).

En tercer lugar, el extractivismo ha instalado economías de enclave, como sucedía en la Colonia. Esos enclaves no derraman riqueza sobre la población, porque son economías volcadas hacia exportación con una mínima relación con el entorno social (Colectivo Voces de Alerta, 2011: 15).

El extractivismo es, en cuarto lugar, un ataque a la agricultura familiar y a la soberanía alimentaria. Además de las consecuencias ambientales, en particular sobre el agua, las comunidades pierden acceso a ciertas zonas de producción, la presencia extractiva fomenta la migración campo-ciudad y la redefinición de los territorios como consecuencia de la intervención vertical de las empresas que generen espacios locales transnacionalizados (Giarraca y Hadad, 2009: 239-240).

La quinta característica es la militarización permanente de los territorios. El extractivismo va de la mano de lo que el filósofo italiano Giorgio Agamben denomina "estado de excepción permanente" (Agamben, 2004). Allí donde se instala el modelo extractivo, las leyes, las protecciones legales a las poblaciones desaparecen. Entonces, este estado de excepción permanente es parte de este modelo.

Uno de los principales problemas de este modelo de despojo, es que ha sido administrado inicialmente por los gobiernos progresistas, lo que ha representado un hondo desconcierto para los pueblos explotados y oprimidos de América Latina. Peor aún, porque vino acompañado de un discurso descolonizador como el Suma Qamaña, el Buen Vivir, que habla incluso de la defensa de la vida y la naturaleza pero hace lo contrario. Los pueblos no se recuperan de semejante golpe en dos días. Es una nueva realidad que hay que asimilar y comprender.

En consecuencia, no es posible trazar alternativas sólo económicas al extractivismo/acumulación por despojo, ya que su núcleo es un poder concentrado de las elites. Salir de este modelo implica derrotarlo, construir nuevos poderes, una nueva cultura y relaciones sociales ancladas en modo de vida diferentes. En los discursos hegemónicos, se llega a considerar como extractivismo a lo que sucede en las minas o en los cultivos de soya y en sus consecuencias ambientales y sanitarias.

Debemos comprender que el modelo actual ha destruido la sociedad anterior, no sólo ha producido "reformas", sino mutaciones muy hondas, abriendo paso a un proceso regresivo en la distribución de la tierra y de la riqueza global (Bebbington, 2007). La democracia se debilita y en los espacios del extractivismo deja de existir; los estados se subordinan a las grandes empresas al punto que los pueblos no pueden contar con las instituciones para protegerse de las multinacionales.

Por estas razones, no es posible salir del modelo actual sin crisis, pero a su vez si no salimos, vamos hacia un conjunto de crisis sumamente destructivas: política, social, sanitaria y ambiental. Estamos ante un sistema, el modo de ser del capital en su período de decadencia, que incluye instituciones, que se manifiesta en la cultura de la apropiación y el consumismo; un modelo que ha destruido las formas tradicionales de sociabilidad y ha individualizado las relaciones humanas, a la vez que las torna dependientes del sistema financiero. El extractivismo está promoviendo una completa reestructuración de las sociedades y de los estados de América Latina.

Acumulación por despojo o guerra contra los pueblos

Para comprender las consecuencias de la acumulación por despojo, es necesario compararla con el período anterior centrado en la acumulación por reproducción ampliada de capital, propia de la sociedad industrial. A diferencia del viejo modelo industrial, la sociedad extractiva excluye a una parte de la población, ya que no le ofrece ni siquiera un empleo digno, a una porción que oscila en torno a la mitad de la humanidad. Esa mitad precarizada, ingresa apenas un salario mínimo, no puede conseguir trabajos que le permitan alcanzar calificación profesional, ni una mínima estabilidad que les permita proyectar sus vidas más allá de la sobrevivencia. Empleos chatarra para personas descartables.

Mientras la sociedad industrial promovió el ascenso social de por lo menos tres generaciones, la sociedad extractiva compone historias de vida descendentes: los hijos tienen performances peores que las de sus padres y abuelos, y sus horizontes de vida se han estrechado. La única forma conocida de empeorarle la vida a media sociedad (desde esperanza de vida hasta un mínimo bienestar mensurable en estabilidad y calidad de las relaciones), es mediante una violencia generalizada.

Para controlar a esta población no integrable, el modelo de acumulación por despojo ha instalado un *Estado de Policía* formalmente legal, pero dedicado a generar excepciones como criterio de gobierno para mantener a raya a las "clases peligrosas", mediante una vasta gama de intervenciones que van desde la responsabilidad social empresarial –que avala la evasión impositiva- hasta la intervención policial/militar discrecional, dirigidas al control territorial armado, donde el cuerpo policial es encargado de administrar y gestionar cosas y cuerpos de modo exclusivo y excluyente (Ferrero y Job, 2011).

En la medida que el modelo actualiza la fractura colonial, observamos las diferentes formas como se viven las opresiones en la zona del ser y en la zona del no-ser (Grosfoguel, 2012). Los modos como se regulan los conflictos en cada zona son distintos: en la primera zona existen espacios de negociaciones, se reconocen los derechos civiles, laborales y humanos de las personas, funcionan los discursos sobre la libertad, la autonomía y la igualdad, y los conflictos se gestionan mediante métodos no violentos, o por lo menos la violencia es la excepción. En la zona del no-ser, a la que también se define como la línea debajo de lo humano, los conflictos se regulan por la violencia y sólo de forma excepcional se usan métodos no violentos (Grosfoguel, 2012).

En las zonas de hegemonía del extractivismo, donde no se reconoce la humanidad de las personas (pueblos originarios y negros y sectores populares), ellas están sometidas a lo que Benjamin consideraba "un estado de excepción permanente". No pueden ejercer los derechos que ejerce la parte blanca/clase media de la sociedad. Los favelados de Rio de Janeiro y São Paulo no pueden ejercer libremente el derecho de manifestación, porque son sistemáticamente atacados por la Policía Militar con balas de plomo.

El "estado de excepción" no es un capricho de un mal gobierno, sino que obedece a razones estructurales, a un tipo de sociedad en la cual una parte de sus habitantes no tiene cabida, ni como productores ni siquiera como consumidores. En palabras de Agamben, el totalitarismo actual puede entenderse como "la instauración, mediante el estado de excepción, de una guerra civil legal, que permite la eliminación física no sólo de los adversarios políticos, sino de categorías enteras de ciudadanos que por cualquier razón resultan no integrables en el sistema político" (Agamben, 2004: 25).

Estamos ante una de las consecuencias de la crisis de la sociedad disciplinaria. En efecto, el desborde de los espacios de encierro (cárcel, hospital, fábrica, escuela, familia) creó la necesidad del control en espacios abiertos, a través del marketing, el endeudamiento, el consumo y los psicofármacos, la empresa en lugar de la fábrica, los sistemas computarizados en vez de las máquinas simples. Pero en la zona del no-ser, esos mecanismos no tienen resultados, entre otras razones porque predominan relaciones heterogéneas respecto a las hegemónicas, donde los valores de uso tienen mayor incidencia que los valores de cambio.

En ese sentido, Deleuze asegura que "el hombre ya no está encerrado sino endeudado", pero advierte que el mecanismo del endeudamiento no sirve para las dos terceras partes de la humanidad, "demasiado pobres para endeudarlas, demasiado numerosas para encerrarlas", y que la sociedad de control necesita crear mecanismos para afrontar "los disturbios en los suburbios y guetos" (Deleuze, 1996: 284). A ellos se les debe aplicar tanto el estado de excepción como el encierro a cielo abierto, ya que por razones estructurales no son integrables ni endeudables.

Creo que la acumulación por despojo en la zona del no-ser, debe ser nombrada de otro modo, porque afecta directamente la vida de millones de indígenas, negros y mestizos, campesinos sin tierra, mujeres pobres, desocupados, trabajadores informales y niños de las periferias urbanas. Ellos y ellas están sufriendo lo que el EZLN ha definido como *Cuarta Guerra Mundial*. Como en todas las guerras, se trata de conquistar territorios, destruir enemigos y administrar los espacios conquistados subordinándolos al capital:

La Cuarta Guerra Mundial está destruyendo a la humanidad en la medida en que la globalización es una universalización del mercado, y todo lo humano que se oponga a la lógica del mercado es un enemigo y debe ser destruido. En este sentido todos somos el enemigo a vencer: indígenas, no indígenas, observadores de los derechos humanos, maestros, intelectuales, artistas. (Subcomandante Marcos, 1999).

La novedad de esta nueva guerra es que los enemigos no son los ejércitos de otros estados, ni siquiera otros estados, sino la propia población, en particular aquella parte de la humanidad que vive en la zona del no-ser. En suma: acabar con los pueblos que sobran, desertizar territorios y luego re-conectarlos al mercado mundial. Los modos de eliminar a los pueblos no son necesariamente la muerte física, aunque esta va sucediendo lentamente mediante la expansión de la desnutrición crónica y las viejas/nuevas enfermedades, como el cáncer que afecta a los millones expuestos a los químicos de los monocultivos y de la minería.

Cuando nombramos el sistema actual como guerra contra los pobres o contra las y los de abajo, algunas realidades se van ordenando. En este sentido, encuentro algunas similitudes entre los análisis de Segato y los del zapatismo, en particular cuando se abordan los cambios estructurales en el sistema, donde la violencia dejó de ser episódica: "El crimen y la acumulación de capital por medios ilegales dejó de ser excepcional para transformarse en estructural y estructurante de la política y la economía (Segato, 2016: 76).

La acumulación de capital realmente existente en la sociedad actual es criminal, atenta contra la vida de las personas. Esta nueva modalidad del capitalismo ha transformado todo, incluso las guerras que tienden a ser permanente, "su meta no es la paz", se convierte en "una forma de existencia" y para la potencia hegemónica son "su última forma de dominio" (Segato, 2016: 57). En su caracterización de este tipo de guerras, la autora utiliza los términos de "rapiña" y "guerra despojadora y lucrativa", que ya no responde a la guerra convencional entre Estados nación como sucedió a lo largo del siglo XX:

Segato incluye entre las formas o modalidades de este nuevo tipo de guerras al crimen organizado y los grupos paramilitares o paraestatales, que participan en guerras informales. Este es el contexto de los feminicidios, que no son crímenes de odio sino de poder. Por eso sostiene que los cuerpos de las mujeres son "el bastidor en el que la estructura de la guerra se manifiesta" (Segato, 2016: 61). Asegura que no es una violencia contra un guerrero enemigo, sino contra cuerpos frágiles, en los cuales se concreta "la amenaza truculenta lanzada a toda la comunidad" (ídem).

Resumiendo: una economía convertida en un orden mafioso, de rapiña, como parte de una guerra informal perpetua para asegurar el poder de los poderosos, toma a los cuerpos frágiles (mujeres, pero también niñas y niños, pueblos originarios y afros), como objetivos militares para advertir a la sociedad que sólo le queda el camino de la sumisión, o de la muerte.

El concepto de mandato de masculinidad lo formuló Segato en Buenaventura, puerto de la costa del Pacífico de Colombia, cuando mujeres negras le preguntaron cómo se hace para poner fin a la guerra y la violencia. "Desmontando el mandato de masculinidad", fue su respuesta. En un régimen neoliberal donde predomina la precariedad (no sólo laboral sino en todos los aspectos de la vida), el varón no puede cumplir ese mandato y reacciona de forma violenta contra las mujeres, y los niños. Por esos los considera crímenes de poder.

En esta guerra por el control de vidas y territorios, el cuerpo "es la forma última de control", en un sistema que ha transitado de la disciplina de los cuerpos a su control absoluto (Segato , 2016).

Democracia o campo de concentración

La pregunta que quiero abordar es: ¿qué régimen político corresponde, en América Latina, a la acumulación por despojo/cuarta guerra contra los pueblos? Entiendo que la militarización no es causa sino síntoma de lo que sucede en el mundo y en cada país. Las razones que llevan al control policial-militar de nuestras sociedades hunden sus raíces en los intentos del gran capital para perpetuar su poder, en un período en el cual ese dominio ha sido puesto en cuestión, en particular desde la revolución mundial de 1968 (Zibechi, 2018).

Para responder la pregunta sobre el régimen político, me parece necesario trasladarnos a los escenarios urbanos actuales: la favela La Maré en Rio de Janeiro, la comuna Noroccidental en Medellín, delegaciones del sur de Ciudad de México como Iztapalapa, o cualquier periferia urbana de las grandes ciudades latinoamericanas.

Una observación somera nos dice: son áreas en las que predomina la precariedad, barrios, viviendas y servicios precarios para personas que viven vidas inseguras, inestables y, a menudo, efímeras. Las calles son irregulares y agrietadas, la basura se amontona en las aceras, casi no hay edificios estatales de gran tamaño, pero sobresalen los templos evangélicos, amplios y luminosos, con músicas estridentes. En las esquinas se pueden ver pequeños grupos de jóvenes que observan y mantienen el control de la calle. Según los lugares, están relacionados con el narcotráfico y las milicias paraestatales.

Se instala un control total, minucioso pero a la vez difuso. Quiénes entran y salen del territorio, qué hacen y cómo. Los comercios y transportes deben pagar una cuota-impuesto al tráfico o a las milicias para trabajar "seguros"; para aparcar el coche sin sufrir robos o daños; para cualquier actividad económica hay que pasar por el control de un "ellos" nebuloso, que no amenaza de forma directa pero resulta omnipresente porque sus integrantes viven en el territorio que controlan. Si alguien hace ruido hasta muy tarde en una fiesta familiar, los chicos le golpean la puerta como advertencia. Una observación permanente, un panóptico capilar a cielo abierto.

¿Cómo podemos denominar esta realidad territorial? Es un campo de concentración sin alambradas ni torres de control materiales, aunque sí virtuales. "Es una porción del territorio que se sitúa fuera del orden jurídico normal, pero que no por eso es simplemente un espacio exterior" (Agamben, 2003: 216). El campo es la materialización del estado de excepción, el hecho más importante de la modernidad, donde son recluidos aquellos que no tienen lugar en el sistema: mujeres y niños pobres, pueblos originarios y negros, sectores populares de la ciudad y del campo.

El campo tal como lo conocemos en la actualidad, fue parido por el neoliberalismo/acumulación por despojo/cuarta guerra mundial. Es el territorio donde "cualquiera puede matarte sin cometer homicidio" (ídem: 233), por pertenecer a una de las categorías desechables. Una frase resume esta forma de dominación de los cuerpos y la vida: "El campo de concentración y no la ciudad es hoy el paradigma biopolítico de Occidente" (Agamben, 2003: 230).

Dicho de otro modo, el campo es la forma de dominación que corresponde a los territorios de la zona del no-ser bajo la cuarta guerra mundial. La democracia no existe, se trata de un sistema electoral que permite elegir quiénes dirigen el campo, cuya realidad nunca es posible ponerla en cuestión, porque configura el modo de dominación. El campo de concentración es el complemento del extractivismo, ya que confina en su interior a aquellos que –por su lugar en la geografía del despojo- son obstáculos para el capital. Los aparatos armados estatales tienen una relación fluida con las milicias paramilitares y con los narcotraficantes.

En contra de un cierto sentido común, exacerbado por los medios, que habla de "Estados fallidos" o la infiltración del crimen en el aparato estatal, Segato enfatiza en "la captura del campo criminal por el Estado, la institucionalización de la criminalidad" (Segato, 2016: 72). Los trabajos de campo avalan esta percepción de la antropóloga.

El periodista Oswaldo Zavala sostiene que existe un control del sistema político mexicano sobre el crimen organizado, que resultó sometido a su estructura de poder. El sistema político "sometió de forma absoluta al crimen organizado, limitando sus lugares de operación a ciudades específicas, determinando sus rutas de tráfico, y todavía más importante, marginándolo del poder político, civil y militar" (Zavala, 2018: 20).

Por otro lado, la investigadora Dawn Paley destaca la existencia de un hilo rojo entre la acumulación de capital y el crimen organizado. Sostiene que la guerra contra las drogas intenta resolver los problemas de largo plazo del capitalismo, forzando la apertura de territorios antes cerrados al capitalismo global (Paley, 2018). Esta guerra contra pueblos y poblaciones busca desplazar comunidades y la apropiación de bienes comunes que esas mismas comunidades protegen y evitan su destrucción.

De este análisis se deriva que los movimientos emancipatorios no podrán volver a utilizar las instituciones a su favor, ya que les permitirán ocuparlas o permitir que neutralicen sus inclinaciones anti-populares y mafiosas. El análisis y el debate sobre la violencia estructural en el sistema-mundo actual, debería ser un insumo para los movimientos que pretenden trascender este mundo de violencias y opresiones.

La acción colectiva como el "otro mundo" posible

En este apartado presento dos experiencias de pueblos en movimiento bajo la pandemia de coronavirus, que a mi modo de ver enseñan que aún en las circunstancias más difíciles, es posible construir vida en medio de la muerte, o sea relaciones sociales heterogéneas respecto a las hegemónicas, ancladas en el hermanamiento entre las personas y entre ellas y el medio natural en el que viven. El aspecto central de esta construcción es la comunidad, lo colectivo, para superar la inclinación hacia lo individual que sustenta este sistema. Se trata de los pueblos nasa y misak del Cauca en el sur de Colombia y las organizaciones de las favelas de Rio de Janeiro. En ambos casos, rodeados de militares, paramilitares y narcotraficantes, alentados por un Estado cómplice con el genocidio, están siendo capaces de enfrentar el colapso del sistema sanitario y de los servicios estatales con dignidad y autonomía.

El Consejo Regional Indígena del Cauca (CRIC), en Colombia, la organización que agrupa a diez pueblos indígenas, 127 autoridades tradicionales y a la Guardia Indígena que protege los resguardos (territorios indígenas reconocidos), decidió la realización de una "Minga Hacia Adentro". De ese modo enfrenta y denuncia que las fuerzas armadas están intensificando la guerra con las disidencias de la guerrilla, como una estrategia para "vulnerar nuestros espacios para contagiar a nuestra población" (CRIC, 2020).

La Guardia Indígena efectúa el control territorial, cerrando el paso a las personas y vehículos no autorizados por los cabildos (autoridad territorial indígena), pero el ejército se despliega para "generar el caos con el recrudecimiento de la guerra", como forma de debilitar al movimiento, infiltrar el virus en las comunidades y debilitar las autodefensas indígenas. Durante la Minga, alrededor de siete mil guardias armados con sus bastones de mando controlan el ingreso y la salida de los resguardos indígenas, como forma de afirmar el control del territorio.

La "Minga Hacia Adentro" coloca en primer plano la medicina tradicional y la armonización de las personas en el territorio. Las emisoras indígenas se han vuelto estratégicas y claves de este proceso, ya que siguen las instrucciones de las autoridades territoriales. El comunicador Didier Chirimuscay, en un contacto telefónico, destaca: "Los misak de Silvia somos hijos de las dos lagunas, la Piendamó que es macho y la Ñimbe que es hembra, y junto a los páramos nos hemos congregado para revitalizar los sahumerios, recoger las plantas ceremoniales y hacer los fogones en las comunidades". La ritualidad misak permite enfrentar la pandemia al combinar los cuidados con sus plantas medicinales y armonizar a las personas con la tierra y el territorio.

Muchos jóvenes de las comunidades acuden a los sitios sagrados durante las noches, se acompañan con médicos tradicionales, conversan en torno de fogones y agradecen a la *pachamama* buscando contrarrestar las desarmonías en base a la cosmovisión propia.

Los integrantes de la Asociación de Cabildos Juan Tama, en el marco del Consejo Regional Indígena del Cauca (CRIC), defienden una visión del mundo anclada en la autonomía que brindan los alimentos cultivados por las comunidades. Desde que la organización decidió enfrentar la pandemia con la "Minga Hacia Adentro", los cultivos y el trueque ganaron centralidad en sus vidas.

La Asociación de Cabildos Ukawe's' Nasa C'hab, en Caldono, la zona nororiente del territorio nasa, es una de las organizadoras de ferias de trueque que entre productos de los diferentes climas, en puntos de encuentro y de intercambio, en los que prima la necesidad, no el valor de cada alimento a los que no consideran mercancías. Por lo tanto, no intercambian equivalencia (un kilo por un kilo), sino lo que cada familia necesita. El trueque permite fortalecer la economía propia y es además un camino de hondo contenido político ya que practican relaciones no capitalistas, en las cuales los valores de uso predominan por encima de los valores de cambio.

Además del trueque intra-comunidades, realizan trueques con la población urbana, apoyando a los indígenas que han migrado a las grandes ciudades. En la región de Tierradentro, una de cuyas cabeceras es el municipio de Inzá, se organizaron 800 familias en ocho municipios, en una dinámica comunitaria, para hacer un envío de yuca, plátanos, panela y otros productos, alrededor de 36 toneladas que salieron en tres camiones. Los indígenas urbanos les retribuyen no con dinero sino con productos de higiene y de aseo que aún no producen las comunidades.

Las conclusiones de los comuneros revelan que estamos ante otra cosmovisión: "Somos ricos porque producimos comida. Pero lo más importante no es lo material, sino el hermanamiento, lo espiritual. El trueque nos ayuda a romper la dinámica del individualismo y fortalece lo comunitario".

En el área de Educación del CRIC, la "Minga Hacia Adentro" trabaja en apoyo a la Guardia Indígena y la "autonomía alimentaria". Durante la pandemia se suspendieron las aulas, pero los socializadores de educación van casa por casa para compartir medidas de protección, para fortalecer el *tul* (huerta) y para que los niños lleven un diario de campo de su actividad cotidiana.

En los territorios de los pueblos no hay internet y en las casas no hay computadoras, por lo tanto no existe la virtualización de la educación. En consecuencia, optaron por potenciar los saberes y las lenguas propias, las plantas medicinales y los productos de la huerta sin agrotóxicos, la armonización y la limpieza espiritual de los espacios comunes.

Un dato adicional que encuentro central en estos momentos, es que algunos miembros del CRIC comienzan a hablar de autonomía alimentaria, la que diferencian de la soberanía alimentaria (de los pueblos y de los estados, respectivamente). Desde el punto de vista conceptual, la solidaridad y el hermanamiento entre pueblos permiten superar conceptos vinculados a la dinámica estatal (que hoy se ven cuestionados y desbordados tanto por la ineficacia de las instituciones como por el activismo de las comunidades).

* * *

Las favelas de Rio de Janeiro cargan con el estigma de la violencia y el narcotráfico, porque el es modo que los poderosos (desde los medios hasta las academias) encontraron para camuflar la pobreza que genera este sistema. Sin embargo, allí crece la resistencia y la organización, superando enormes dificultades.

El Movimiento de las Comunidades Populares completó 50 años y está presente en diez estados de Brasil. Una de sus bases de trabajo está en la comunidad Chico Mendes, en el morro de Chapadao, en la zona norte de Rio de Janeiro. Comenzaron en 1994 con deporte comunitario y con una escuela jardín, para niños y niñas de la comunidad. Con la pandemia debieron cerrarla.

También trabajan con adultos, gestionando empleo e ingresos de forma autónoma, con una tienda y una barraca de materiales de construcción, que gestionan colectivamente. Reciclan aceite con el que fabrican productos de limpieza y tienen un grupo de compras colectivas con casi 20 familias. Quizá el área más potente sea el Grupo de Inversiones Comunitarias (GIC), un banco popular donde cientos de vecinos aportan dinero todos los meses y pueden pedir préstamos sin acudir al banco ni al mercado financiero. Con los intereses, ayudan a las familias que necesitan, aportan a funciones sociales como la salud y una parte va al Movimiento.

Durante el cierre provocado por la pandemia, vendedores y empleadas domésticas de la comunidad quedaron sin ingresos, además de diez personas que trabajan en la guardería del movimiento y en el transporte infantil. En base a una red previa de amigos y profesores que apoyan este proyecto y respetan su autonomía, realizaron colectas para comprar cestas de comida para la comunidad y mantener al personal de la guardería. Cincuenta personas reciben cestas de comida gracias al trabajo de trece militantes, en una pequeña favela de la periferia norte de la ciudad.

Durante la pandemia se creó el Frente de Movilización de la Maré, por un grupo de comunicadores comunitarios que venían actuando en la favela desde hace 15 o 20 años. El Frente nació en medio del aislamiento social obligatorio, con la preocupación del modo como los gobiernos se dirigen a la favela, que combina militarismo y una cruda y humillante caridad. Comenzaron con un plan de comunicación para poder trabajar en base a las necesidades y en el lenguaje de la favela, ya que las autoridades desconocen la realidad de sus habitantes.

La Maré es un complejo de dieciséis favelas con 140 mil habitantes, pegada a la bahía de Guanabara y muy cerca del aeropuerto internacional. Tiene los peores índices de letalidad por coronavirus. Mientras en barrios de la burguesía como

Leblon la tasa de letalidad es de apenas el 2,4% de los infectados, en la Maré trepa hasta el 30,8%.

Luego de décadas de invasiones armadas a cargo de la Policía Militar, de una presencia asfixiante del narcotráfico y de las milicias paramilitares, a las que debe sumarse el papel disciplinador de las iglesias pentecostales, la organización popular en las favelas es casi inexistente. Las anteriores asociaciones vecinales se dispersaron y sólo sobreviven pequeños colectivos culturales, de teatro y educación popular, y alguna cooperativa de consumo. Por eso, es un milagro que durante la pandemia decenas de nuevos activistas se hayan comenzado a organizar abiertamente.

Las personas que integran el Frente de Movilización de la Maré alquilaron un carro de sonido explicando las medidas elementales como lavarse las manos, no formar aglomeraciones, limpiar la casa (aunque casi no hay agua) y localizar los hospitales más cercanos. Confeccionaron unas 30 pancartas manuales por semana que colgaron en las comunidades, haciendo hincapié en la solidaridad porque el abastecimiento de agua es precario y deben compartirla en base a la ayuda mutua.

Además confeccionaron cinco mil carteles, todos a mano, que colocaron en comercios, iglesias y asociaciones de vecinos con recomendaciones sobre higiene. El proceso organizativo comenzó con cuatro comunicadores y creció hasta los diez colectivos integrando el Frente, más 50 vecinos y vecinas activas que se sumaron a la búsqueda de alimentos y de materiales de limpieza. Para los pobladores más pobres de Brasil, es todo un desafío lidiar con una nueva realidad, la falta de agua, de dinero y la internet que funciona de modo irregular.

En el morro de Timbau, uno de los 16 que componen la Maré, los activistas trabajan con niños y niñas en una antigua fábrica de cemento convertida en viviendas en una campaña de movilización para identificar las familias con más necesidades.

Censaron cuatro mil familias que necesitan ayuda en alimentos, sólo en esa favela. El paso siguiente fue conseguir donaciones (llegaron alimentos para mil canastas), elaborarlas y entregarlas de la mano de un grupo integrado sobre todo por mujeres. Las nuevas organizaciones crecen sobre la base de pequeños grupos que ya se conocían, lo que permite relaciones de confianza para conseguir ayuda y contactar a los que necesitan, porque en la favela el trabajo no puede hacer de forma individual, sino colectiva y comunitaria.

* * *

En estos meses he recogido decenas de testimonios de iniciativas de abajo que nos muestran cómo los sectores populares, pueblos originarios y negros, están siendo capaces de vencer la política de muerte de los Estados y los gobiernos que los administran (Zibechi, 2020). La impresionante multiplicación de iniciativas de este tipo (cierre de "fronteras" para delimitar el control territorial comunitario, autonomía alimentaria, poderes propios y relaciones con otros pueblos en movimiento), encarna un acumulado histórico y es una respuesta estratégica y de larga duración a la ofensiva violenta de los de arriba.

Ante este tipo de iniciativas, situadas localmente pero trenzadas entre sí, los analistas de arriba suelen despacharlas con desdén porque —enfatizan- no suficientes para enfrentar a las clases dominantes y poner en pie alternativas al capitalismo. Estamos ante el viejo pensamiento crítico, racionalista y especulativo, que no puede concebir la acción política sin el Estado y el Partido, organizaciones jerárquicas y centralizadas, o sea patriarcales y coloniales. No pueden comprender el cambio sin un "estado mayor de la revolución" que ordene y guíe los pasos de las "masas". Cuando estamos ante el colapso del sistema —que incluye a la propia izquierda y al pensamiento crítico-, la crisis civilizatoria en curso no se va a resolver con la aparición de otro mundo, otro sistema o sociedad idénticos pero no capitalistas.

Una totalidad no va a sustituir a otra totalidad, no puede ni debe hacerlo, como sostiene Aníbal Quijano.

Estamos ante un estallido, en realidad un proceso de auto-destrucción sistémica, cuya consecuencia es la formación de millones y millones de partículas que –para las mentes racionales- deambulan sin rumbo en el planeta. Una parte de ese universo estallando somos nosotros, los mundos otros que se venían formando al calor del declive que ahora empieza a trasmutarse en un mundo que se desploma. Los fragmentos no están aislados. Los de arriba se las ingenian para vincularse entre sí, para seguir siendo dominadores. Una parte de las y los de abajo, seguimos en relación, crecemos, nos multiplicamos y nos vinculamos con modos no jerárquicos ni centralizados, mientras seguimos echando raíces en nuestra madre tierra. Más lejos no podemos ver, en este momento de gran incertidumbre. Podemos, empero, intuir que la vida seguirá su curso y la autonomía que conlleva toda vida es la única esperanza a la que, razonable y espiritualmente, podemos aferrarnos.

Referencias

Agamben, Giorgio (2003) *Homo sacer. El poder soberano y la nuda vida*, Valencia, Pre-Textos.

Agamben, Giorgio (2004) *Estado de excepción*, Buenos Aires, Adriana Hidalgo.

Bebbington, Anthony (2007) *Minería, movimientos sociales y respuestas campesinas*, Lima, IEP.

Colectivo Voces de Alerta (2011) *15 Mitos y Realidades de la minería transnacional en Argentina*, Buenos Aires, Voces de Alerta.

CRIC- Consejo Regional Indígena del Cauca (2020) "La estrategia del Gobierno, con la guerra, vulnerar nuestros espacios para contagiar a nuestra población", 26 de marzo en https://www.cric-colombia.org/portal/la-estrategia-del-gobierno-con-la-guerra-vulnerar-nuestros-espacios-para-contagiar-a-nuestra-poblacion/ (Consulta, 20/06/2020).

Deleuze, Gilles (1996) *Conversaciones*, Valencia, Pre-Textos.

Fanon, Frantz (2011) *Los condenados de la tierra*, Tafalla, Txalaparta.

Ferrero, María y Job, Sergio (2011) "Ciudades made in Manhattan", en Núñez, Ana y Ciuffolini, María (comp.) *Política y territorialidad en tres ciudades argentinas*, Bueno Aires, El Colectivo.

Giarraca, Norma y Hadad, Gisele (2009) "Disputas manifiestas y latentes en la Rioja minera", en Svampa, Maristella y Antonelli, Mirta ed. *Minería transnacional, narrativas del desarrollo y resistencias sociales*, Buenos Aires, Biblos, pp. 229-278.

Grosfoguel, Ramón (2012) "El concepto de «racismo» en Michel Foucault y Frantz Fanon: ¿teorizar desde la zona del ser o desde la zona del no-ser?", Tabula Rasa, Bogotá - Colombia, No.16: 79-102.

Harvey, David (2007) *El nuevo imperialismo*, Madrid, Akal.

Paley, Dawn (2018) *Capitalismo antidrogas. Una guerra contra el pueblo*, México, Libertad bajo palabra.

Segato, Rita (2016) *La guerra contra las mujeres*, Madrid, Traficantes de Sueños.

Subcomandante Insurgente Marcos (1999) "¿Cuáles son las características fundamentales de la IV Guerra Mundial?", 20 de enero en http://palabra.ezln.org.mx/comunicados/2003/2003_02_b.htm (Consulta 25 julio de 2014).

Zavala, Oswaldo (2018) *Los cárteles no existen*, México, Malpaso.

Zibechi, Raúl (2016) "El extractivismo es una guerra contra los pueblo", *Hora 25*, Nº 122, La Paz, diciembre, pp. 12-14.

Zibechi, Raúl (2017) *Descolonizar el pensamiento crítico y las rebeldías*, Lima, PDTG.

Zibechi, Raúl (2018) *Los desbordes desde abajo. 1968 en América Latina,* México, Bajo Tierra.

Zibechi, Raúl (2020) *Tiempos de colapso. Los pueblos en movimiento*, Bogotá, Desdeabajo.

DE LA QUIEBRA MUNDIAL A LA "DEUDA INFINITA"

Rafael Bautista S.

La quiebra financiera del 2008 demostró no sólo las serias limitaciones de la actual ciencia económica (perpleja ante lo que debiera haber diagnosticado de modo anticipado) sino su marcada ideologización neoliberal como mero "business management"; ideologización que ha venido reduciendo todas las apuestas políticas posibles a la *irracionalidad tecnocrática* de las prerrogativas financieras. Hoy le toca el turno a la ciencia médica.

Si el "crecimiento infinito"[1] era ya una finalidad inadmisible, ahora constatamos que sus consecuencias desencadenan una crisis también exponencial[2], que amenaza

---

[1] "El 'progreso infinito' es una ilusión trascendental en que cae la ciencia moderna al considerar, a la naturaleza y a la misma realidad, en términos puramente abstractos. Este tipo de progreso es una imposibilidad empírica, y su sola postulación descubre el carácter ilusorio de toda la ciencia moderna: es imposible concebir un progreso semejante sabiendo que los recursos naturales (y el trabajo humano) no son infinitos. Semejante postulación concibe como posible la explotación infinita de recursos *limitados*; esto quiere decir: destruir para producir". Bautista S., Rafael: *Hacia una constitución del sentido significativo del "vivir bien"*, rincón ediciones, La Paz, Bolivia, 2010, pp. 11-12.

[2] "Ya Albert Einstein señalaba, en su tiempo, que el mayor problema que atraviesa la humanidad es que 'no entiende la función exponencial'. En matemáticas, el exponente indica el número de veces que una cantidad cualquiera ha de multiplicarse por sí misma; cuando el exponente expresa

definitivamente los límites de la vida misma. Y ello evidencia una crisis de sentido hasta existencial, cuyas dimensiones civilizatorias ponen en entredicho, hoy más que nunca, todos los credos y dogmas de fe modernos[3]. El usual negocio "farmafioso" de inventar la enfermedad para después vender la cura, iba a provocar, inevitablemente, el desenlace que estamos actualmente viviendo; dejando al mundo revolcarse en su propio apocalipsis, provocado por el mismo conocimiento que ahora nos quiere vender la salvación, pero ahora hipotecando, literalmente, la vida misma.

1. Crisis civilizatoria como "crisis de racionalidad".

La crisis actual no es una novedad. Es el síntoma continuo de los tiempos modernos. La crisis es la normalidad. Pero si antes la crisis producía mal-estar, y la sociedad se auto medicaba con analgésicos culturales y artísticos; ahora la crisis lo invade todo. Si todo entra en crisis es porque la crisis se apodera del sujeto y lo constituye en *objeto* mismo de la crisis, es decir, el sujeto renuncia a su condición de sujeto y transfiere al fenómeno su

---

una incógnita, la función resultante se denomina 'función exponencial'. Esa incógnita, que puede expresarse en la variable a^n (o lo que llamamos n veces) es, en el caso que nos interesa, un número ilimitado o infinito. El exponente desarrollo expresa esa incógnita en la economía, abstrayendo la base real (finita) de la producción y pretender proyectarla al infinito. Nicholas Georgescu-Roegen lo manifiesta de este modo: 'es imposible un crecimiento exponencial indefinido en un medio ambiente que es finito'". Bautista S., Rafael: *Del mito del desarrollo al horizonte del vivir bien*, yo soy si Tú eres ediciones, La Paz, Bolivia, 2017, p. 81.

[3] Siempre que nos referimos a la modernidad lo hacemos en cuanto *proyecto*, es decir, en aquello en lo que consiste su *singularidad histórica* global: como un proyecto civilizatorio de *dominación exponencial* que, por ese carácter, se constituye en la más seria amenaza, ya no sólo a la humanidad, sino a la vida misma. Cfr. Bautista S., Rafael: *La Descolonización de la Política. Introducción a una Política Comunitaria*, Plural editores, La Paz, Bolivia, 2014.

propia voluntad; entonces se produce la incertidumbre y la crisis ya no se la enfrenta, sólo se la padece. Porque comprender y entender la crisis sería ya, de algún modo, más que enfrentarla, superarla; pero esto presupone un conocimiento que debiera estar a la altura de la crisis y dé razón de la crisis.

Hacer de la crisis conocimiento es, entre otras cosas, lo que produce la autoconsciencia y, en consecuencia, constituye la autodeterminación del sujeto y le permite, superando la crisis, trascender sus propios límites, políticos[4] e históricos. La crisis hecha conocimiento deja de ser crisis y el conocimiento ya no es mero conocimiento, sino que constituye ahora la nueva subjetividad del sujeto.

De modo general, esa debiera ser la regularidad *crítica* de la ciencia. Pero algo que evidencia la plan-demia[5] actual, es una denegada realidad que ya fue advertida a principios del siglo XX (hasta por Husserl[6] y por la física cuántica[7]): la decadencia o

---

[4] No nos referimos a la política sino a *lo político*, es decir, a la *politicidad del sujeto*, a esa capacidad de trascendencia histórica que, comúnmente se entiende, como el "hacer historia". Cfr. Bautista S., Rafael: *Hacia una Fundamentación del Pensamiento Crítico*, rincón ediciones, La Paz, Bolivia, 2011.

[5] Cfr. Rafael Bautista S. *La plan-demia del nuevo orden mundial*, en resumenlatinoamericano.org:
https://www.resumenlatinoamericano.org/2020/04/24/bolivia-rafael-bautista-s-la-plan-demia-del-nuevo-orden-mundial-audio/

[6] Cfr. Husserl, Edmund: *La Crisis de las ciencias europeas y la fenomenología transcendental*, Prometeo libros, México, 2010.

[7] "Heisenberg es ilustrativo cuando, reflexionando sobre las consecuencias epistemológicas que implica la mecánica cuántica, señala que, así como debiéramos, virtualmente, tomar en cuenta a todo el universo en la búsqueda de la verdadera causa de todo evento físico, así también, *deberíamos despedirnos de la física, tal como ha sido practicada durante los últimos siglos*. En el campo de la física cuántica ya es discutible aquella relación que separa y opone al observador de lo observado. Si ahora los científicos

crisis de las ciencias europeas o, para ser más claros, de la ciencia moderna en su totalidad.

Cuando se habla de "crisis civilizatoria", se olvida que una civilización entra en decadencia terminante cuando su propio sistema de principios y valores se desmorona y, en consecuencia, su *sistema de creencias* entra en crisis. Entonces asistimos a una pérdida de sentido existencial; porque las creencias básicas de una forma de vida (que constituyen su universo simbólico y, en última instancia, mítico) es lo que sostiene, en última instancia, el *sentido* mismo de lo que ha constituido como mundo.

Desde ese *sentido* es que se hace posible cualquier sistema racional, o sea, el logos o ámbito racional no aparece de la nada sino de los mitos que presupone todo mundo cultural, es decir, el logos no se concibe a sí mismo sino es el mito el que funda al logos. En ese sentido se podría afirmar que la razón es también una creencia. Por eso Damasio tiene razón cuando corrige a Descartes: el "yo pienso" es un sentimiento[8]. Pues bien, una de las creencias o mitos que sostienen a la ciencia moderna en su conjunto y su auto atribuida infalibilidad es el "progreso infinito"[9]; este mito constituye a la sociedad moderna como "la sociedad del futuro".

---

hacen metafísica, no es por curiosidades esotéricas, sino por la necesidad de superar los estrechos marcos categoriales que había producido la propia ciencia moderna". Bautista S., Rafael: *Hacia una fundamentación del pensamiento crítico*, rincón ediciones, La Paz, Bolivia, 2011, pp. 18-19.

[8] Cfr. Damasio, Antonio: *Descartes' Error: Emotion, Reason, and the Human Brain*, A. Grosset, New York, 1994.

[9] "De allí deriva la postulación del 'progreso infinito', porque el 'progreso infinito' no deja de ser una meta cualitativa, pero ante la cual se propone un acercamiento de carácter cuantitativo; esto se denomina una *aproximación asintótica*. Por eso decimos que se trata de un mito, porque una aproximación finita a una meta infinita es imposible de realización. Pero esta ilusión no es inocente, pues si los pasos asumidos en tal aproximación

Con la actual plan-demia y la prefigurada realidad de un mundo post-pandemia, esa creencia –ingenua, ilusa y cándida en un futuro siempre mejor– se ha hecho trizas. Si ya a lo largo del siglo XX, la literatura y el cine referían una desconfianza al progreso y el futuro que promueven ufanamente la ciencia y la tecnología, ahora esa ficción se ha hecho la más cruda realidad (la actual "científica" conjetura del origen "natural" del virus no es sino la recurrente manía que ha naturalizado el neoliberalismo, es decir, el "externalizar" responsabilidades y jamás admitir injerencias humanas nefastas sobre la vida misma que, a nombre del progreso y el desarrollo, no hacen sino afectar irremediablemente los límites mismos de la vida).

Eso implica ya no sólo el fracaso de un optimismo demasiado ingenuo en el futuro moderno sino del proyecto mismo que sustenta ese cándido optimismo en un progreso sin fin; lo cual nos lleva a sopesar críticamente el conocimiento que sustenta y legitima ese optimismo.

Porque cuando hablamos de racionalidad no nos referimos al racionalismo sino al conjunto de percepciones, visiones y creencias que fundan la particular cosmovisión que alimenta el horizonte de expectativas de un determinado mundo. La formalización de esa cosmovisión se llama ciencia. Por eso, una "crisis civilizatoria" se traduce en una "crisis de racionalidad", porque lo que entra en crisis y conduce al desmoronamiento apocalíptico de esa civilización desde adentro, es la imposibilidad de superar la crisis; porque si los mismos valores y creencias ya no tienen sentido y, en consecuencia, el conocimiento que ha sido producido para legitimar esos valores

---

se creen realistas, entonces el abismo al cual se tiende resulta en un literal suicidio. Semejante empresa parte de la abstracción del carácter contingente de la vida (tiempo y espacio aparecen como abstracciones empíricas de lo real), sólo de ese modo tienen sentido las metas ilimitadas que se proponen el progreso y el desarrollo". Bautista S., Rafael: *Del mito del desarrollo al horizonte del vivir bien*, ed. cit., pp. 44-45.

y creencias, entonces tampoco el mundo que se tiene enfrente en pleno desplome vertical.

Lo que hace el actual confinamiento global obligado, como única respuesta a la plan-demia sistémica, es reafirmar el carácter irracional de un conocimiento que, a nombre de ciencia, no sólo que no sabe ponerse a la altura de la crisis, sino que responde con una supina ignorancia e irresponsabilidad ante la creciente amenaza que significaría la conculcación sistemática de todas y cada una de las relaciones vitales (que hacen posible lo que llamamos humanidad), por parte de los poderes fácticos. Esa ignorancia, también sistémica, nos conduce a la verificación que la crisis no sólo sucede afuera sino adentro y eso reafirma lo que verdaderamente nos enfrenta: una "crisis de racionalidad".

El no saber dar razón de la crisis y del sentido mismo del mundo en crisis, devela una "crisis civilizatoria" en cuanto *crisis existencial* sin parangón en la historia humana. Los límites epistemológicos y metodológicos que podrían denunciarse, no son sino los límites históricos del mismo mundo que dio origen a una ciencia –convertida en el actual credo religioso– que toca fondo, junto a este mundo empapado en su decadencia conclusiva.

Entonces, una "crisis de racionalidad" no es sino la demostración del fracaso de un proyecto de vida y la impotencia del conocimiento que ha producido para sólo auto-justificarse en una típica indulgencia ego-centrista. No es que el individuo moderno-burgués desarrolle de modo excepcional un ego-centrismo exagerado, sino que, el mismo conocimiento que le sostiene y que funda sus pretensiones, contiene esa nota.

Desde Descartes en adelante, la propia filosofía moderna funda en el ego el criterio de todo lo que ha de ser racional, justo, bueno, verdadero, etc. Por eso Nietzsche llega tarde a esta historia. El deicidio lo comete la modernidad naciente y el dios sustitutivo que desplaza al dios medieval, no es otro sino un ego abstraído de su propia existencia natural (y en contra de esa existencia natural). Éste se constituye en *centro empoderado* y produce el conocimiento pertinente para *saberse centro* y, ahora, gracias al desarrollo del ámbito financiero, se consolida como 1% y, como un verdadero usurpador de lo divino, se propone hacer, del apocalipsis que ha producido, su propia tierra prometida; cuyo ingreso en un mundo partido entre el cielo y el infierno, sólo será para los "marcados por el sello imperial".

2. El asalto neoliberal al pensamiento crítico.

La ignorancia globalizada por la mediocracia mundial constituye la prueba más rotunda del fracaso de la "era de la razón" –como se autodenomina el mundo moderno– que, ante la plan-demia actual (activada no sólo en laboratorios sino planificada por think tanks subvencionados por el poder financiero[10]), sólo sabe

---

[10] El "pronóstico" de la actual plan-demia proviene, no sólo del Evento 201 realizado en New York el año pasado, sino del 2010 y se consigna en el informe "Scenarios for the future...", de la Rockefeller Foundation. Leyendo entre líneas, la narrativa que se implementaría, apunta al lock-step o cuarentena indefinida, que provocaría la destrucción no sólo de las economías sino de la propia sobrevivencia estatal a nivel global. La funcionalización de todos los protocolos de la OMS (cuarentena y aislamiento, sobre todo) en beneficio de esta *demolición planificada de los Estados*, sobre todo, periféricos, sería el mejor modo de legitimar un nuevo holocausto global (contra los "desobedientes" a las reglas impuestas). Esto podría devenir, bajo el marco novedoso del concepto de guerra híbrida, en una *tercera guerra mundial*, pero no entre Estados sino de *los Estados contra su propia población*, como la necesidad impuesta por los protocolos sanitarios mundiales que harían de todo manifestante un *agente de infección*. Por información filtrada se sabe que todavía hay otros dos virus "inteligentes" aun no activados, siendo las cepas "hibridas" militares, las más peligrosas, que se podrían activar para terminar de imponer el tan ansiado Estado de excepción global que anhela el capital financiero (como

contemplar el desfallecimiento social de toda confianza y fe en las certezas del mundo que impulsó el capitalismo como la forma de vida supuestamente más racional y deseable.

El que los colegios profesionales de salud nacionales sólo sepan subordinarse a los protocolos –ineficientes y ya muy dudosos– del primer mundo y ni siquiera imaginar de modo creativo respuestas locales preventivas y terapéuticas ante la infección viral, sólo demuestra una ignorancia hasta epidémica que es promovida por las propias facultades de medicina (las famosas "actualizaciones" científicas son ahora, en todos los campos, los dispositivos ideológicos de subordinación académica y profesional al dictamen de los "expertos" promovidos por la *geopolítica de la clasificación* y *división del trabajo* intelectual).

La mera y obediente adopción de protocolos diseñados en el primer mundo, sin ningún ápice de criticidad a la hora de su implementación local –como es la diseminación de vacunas sospechosas que ya no constituyen prevención alguna– sólo constata una pérdida de sentido crítico en el propio ejercicio profesional. Los médicos han dejado de atender la semiología y la historia clínica para el diagnóstico riguroso de enfermedades, dedicándose sólo a aplicar protocolos y prescribir terapias diseñadas por las farmacéuticas (como en todas las otras ramas profesionales, los médicos son entrenados en el arte de la venta y la "farmafia" ha diseñado todo un sistema académico y profesional para premiar muy bien a sus mejores "vendedores").

Todo ello tiene que ver con la falta de criticidad y exclusión de todo pensamiento crítico que impulsa el sistema académico global a nombre de "actualización científica". En eso

---

ya no se puede proyectar saltos de productividad, ahora se apunta a la acumulación por despojo para imponer la deuda perpetua).

consistía el asalto neoliberal a las universidades y, con mayor insistencia, a las academias *domesticadas* del tercer mundo.

El asalto neoliberal a las universidades tenía ese fin: expulsar el espíritu crítico de toda formación profesional (porque esa era la misión del neoliberalismo como cultura intelectual: acabar con el pensamiento crítico). Por ello no era raro advertir la insurgencia fascista profesional ante cualquier política a favor de las grandes mayorías empobrecidas en los últimos años, sobre todo en los países periféricos.

Esta crisis no se relativiza por la infinidad de producción académica actual, además prácticamente inútil, superflua e infecunda, y que sólo amontona una cacofónica redundancia de lo mismo que son los valores e intereses imperiales extendidos como ideología académica y profesional. Todos los circos académicos e intelectuales periféricos no representan sino la implementación de una política tecnocrática de "actualización" ideológica de fines, metodologías, técnicas y procedimientos que, admitidos como literales dogmas de fe, sólo develan la total ausencia de autonomía de decisión y soberanía científica que cunde en las universidades *colonizadas* de nuestros países.

Por ello las universidades, lejos de hacer ciencia, han quedado reducidas, por el neoliberalismo, a una mera industria de títulos al mejor postor. Una sociedad que cree ingenua en el "valor" actual de la educación y fetichiza la meritocracia de papel, ahora ve absorta cómo, con la plan-demia actual, busca respuestas donde sólo encuentra la misma perplejidad suya, haciendo más ostensible el derrumbe de la confianza moral ante lo que resultó un puro mito: los supuestos "expertos", nacionales e internacionales sólo saben inflamar el miedo y la incertidumbre actuales.

Toda la zozobra e incertidumbre mundial creada por los poderes facticos y hasta por la propia OMS, debía ser atenuada y despejada por la ciencia médica y los contingentes de médicos y salubristas que debían de estar a la altura de un fenómeno nada novedoso en la historia; ya que las epidemias y pandemias han sido recurrentes en toda la historia humana. Ahora que la sociedad moderna se jacta del avance científico actual, no sabe qué decir frente al fenómeno pandémico (que cuantitativamente no supera la cifra de afectados por otro tipo de epidemias recurrentes para denominarse de modo tan perturbador[11]), que está conduciendo al mundo entero a una situación de quiebra, ya no sólo económica sino extendida a todos los ámbitos de la vida humana.

3. El neoliberalismo como "modernidad in extremis".

Para comprender, de mejor modo, este rapto ideológico de todos los ámbitos supuestamente "pensantes" en nuestras sociedades, recordemos lo que decía Karl Rove, consejero de seguridad de baby Bush, el 2004, refiriéndose a lo que podríamos denominar "intelectualidad periférica", como determinación académica de lo que llamamos *consciencia satelital*: "Ahora somos un Imperio y cuando actuamos creamos nuestra propia realidad. Y mientras ustedes estudian esa realidad, juiciosamente, como ustedes quieren, nosotros actuamos nuevamente y creamos otras

---

[11] Una de las más denodadas críticas contra los protocolos impuestos y la sospechosa exageración de esta epidemia, es la doctora Chinda Brandolino, quien compara las estadísticas de otras enfermedades recurrentes, para constatar que las muertes por covid no alcanza el nivel para llamarlo pandemia: https://www.youtube.com/watch?v=XqoEJpWDYr8&list=WL&index=79&t=272s
https://www.youtube.com/watch?v=FMTpWKpmcrE&feature=youtu.be
A pesar de una marcada ideologización anticomunista, que curiosamente coincide con las posturas de la "Open Society", de George Soros, que ella misma critica, no dejan de tener relevancia sus argumentos contra una epidemia planificada a nivel global.

realidades, nuevas, que ustedes pueden estudiar igualmente, y así suceden las cosas. Nosotros somos los actores de la historia. Y ustedes, todos ustedes, sólo pueden estudiar lo que nosotros hacemos"[12].

La sumisión ya no sólo política sino hasta intelectual, devela a esa *consciencia satelital* de la periferia que, por ejemplo, en la plan-demia actual, no sabe ponerse a sí misma como referencia sino siempre a la *narrativa que impone el centro*. Porque, en última instancia, lo que sostiene las apuestas vitales y políticas que me propongo, depende de la narrativa que adopto; es decir, todas mis opciones dependen de, en última instancia, *qué creo* o *a quién le creo*.

Si creo ingenuamente, por ejemplo, el relato sinófobo del origen natural del contagio, vía murciélago o pangolín (que además están más valorados en la dicta tailandesa o vietnamita y, curiosamente, esos países no poseen las cifras de contagio explosivas de Europa o USA), legitimo entonces la *narrativa imperial* que, diseminando la sinofobia gringa, propago el rechazo a todo lo que es chino para, de ese modo, alimentar la anacrónica e ideológica "superioridad" de Occidente.

---

[12] "En un artículo del *New York Times* publicado unos días antes de la elección presidencial de 2004, Ron Suskind, que de 1993 a 2000 fue editorialista del *Wall Street Journal* y desde 2000 autor de varias investigaciones sobre la comunicación de la Casa Blanca, reveló los términos de una conversación que había mantenido, durante el verano de 2002, con un asesor de George W. Bush: 'Me dijo que las personas como yo formábamos parte de ese grupo de tipos pertenecientes a lo que nosotros llamamos la comunidad basada en la realidad (the reality-based community): ustedes creen que las soluciones surgen de su juicioso análisis de la realidad observable'. Yo asentí y murmuré algo sobre los principios de las Luces y el empirismo. Pero él me interrumpió: 'El mundo ya no funciona en realidad de esa manera. Ahora somos un imperio, prosiguió, y cuando actuamos, creamos nuestra propia realidad'". Ver: https://www.insumisos.com/diplo/NODE/1850.HTM

Lo más peligroso: reafirmo los prejuicios modernos (argumentando contra mí mismo) que naturalizan las desigualdades y justifican las estructuras de dominación existentes: el problema no es el sistema, la economía o el capital, menos los ricos (blancos por supuesto), sino la gente, es decir, los pobres, los indios, los negros, los chinos, etc. Es decir, *a qué* o *a quién le creo*, establece los marcos de interpretación que asumo y *desde donde adquieren sentido* las apuestas políticas que admito.

La "crisis de racionalidad" también tiene que ver con que no se puede afirmar una perspectiva crítica si se parte ingenuamente del relato hegemónico (como formalización siempre actualizada de sus prejuicios), porque, de ese modo, sucede lo que señala Rove: ellos son los actores y nosotros el rezago de lo que hacen, mientras otra realidad se va reconfigurando, dejando al pensamiento crítico en un *endémico movimiento satelital frente al relato imperial*, que es siempre la *potestad de su percepción*. Esa *consciencia satelital* no deja de ser colonial y lo que puede producir como emancipación es apenas una resonancia que la periferia *tributa* como anulación de su propia representación.

El relato dominante, lo que hace, después de su decadencia crónica que remata en la actual crisis plan-démica, es restaurar los mitos modernos, imponiendo su perspectiva "científica" como la única racional; dejando sin posibilidades de acción a otro tipo de saberes provenientes de las culturas negadas –por esos mismos mitos modernos– como posibles alternativas ante un fenómeno que la misma ciencia no sabe determinar, hasta ahora, su grado real de inminencia. Porque eso sería admitir, de una vez por todas, su desmedida auto-confianza en un conocimiento tan falible como cualquier otro, pero que se concibe sin más, como lo único verdadero y universal; es decir, el primer mundo y su universo institucional tendrían que admitir que su legitimidad, ufana de la ciencia que le sostiene, *es ilegítima.*

Casi todos los países han adoptado, sin mayores cuestionamientos, los protocolos emitidos por una OMS que debió haber previsto esta situación ante la existencia recurrente de epidemias acaecidas recientemente; es más, si el virus es una modificación hecha en laboratorio, el organismo no ha expresado ningún interés decidido en develar el asunto. Si de un tiempo a esta parte la propia OMS ha sido cooptada por la "farmafia" (vía financiación "humanitaria" y "filantrópica"), no es de extrañar que sus protocolos globalizados apunten a la tan anunciada vacunación mundial. Lo cual abre un panorama bastante sospechoso y que ya ha sido objeto de denuncias a nivel global: la implantación de un darwinismo social vía vacunación, es decir, una nueva clasificación y selección mundial que realice las prerrogativas neo-malthusianas del 1%.

No es sólo desde el 1972 y el famoso "informe al Club de Roma" (conocido como "Límites del Crecimiento"[13]), que el primer mundo y sus poderes fácticos aspiran a una nueva "selección natural" que elimine a los "perdedores" en la competencia global que impone el mercado capitalista. Es desde el inicio del mundo moderno que se *naturaliza* una *clasificación antropológica* que hace posible el *diseño geopolítico centro-periferia[14]*. El *racismo*, en ese sentido, se constituye en el *meta-relato-moderno-occidental* que biologiza las diferencias culturales y legitima, desde entonces, una *selectividad*

---

[13] Cfr. Meadows, D.: *Los Límites del Crecimiento: Informe al Club de Roma,* FCE, México, 1982.

[14] Cfr. Bautista S., Rafael: *El tablero del siglo XXI. geopolítica des-colonial de un nuevo orden post-occidental,* yo soy si Tú eres ediciones, La Paz, Bolivia, 2019.

racializada que está en la base y la estructura de toda clasificación social y toda la división internacional del trabajo[15].

Aquí también radica la hipocresía del primer mundo; ya que el ébola, el sars, la gripe aviar, etc., no constituían "pandemia" porque no afectaban al primer mundo. Ahora que el virus llega a Europa y USA es que recién se declara "pandemia", porque el contagio sucede dentro de las "fronteras del ser"[16], es decir, ahora es "pandemia global" cuando afecta a los ricos del mundo, a *su espacio vital*.

Los países periféricos, como los de Sudamérica, como es costumbre de las elites coloniales, sólo saben repetir lo que harían los países centrales, sin saber siquiera estos lo que hacen. La domesticación del que llamaba Malcolm X el "house slave" o esclavo doméstico, es muy pertinente para describir a nuestras elites –desde las políticas hasta las intelectuales– en coyunturas como la actual, cuando no sólo faltos de imaginación y creatividad sino hasta de sentido común, optan por lo único que saben hacer: la réplica instintiva de todo lo que hace el *centro*, aunque sea lo peor (porque supuestamente ellos y sólo ellos son los "expertos").

Pero lo más preocupante es que se niegue, amedrente, descalifique, como en una auténtica y actualizada política de "extirpación de idolatrías"[17], cualquier otra opción proveniente

---

[15] Cfr. Bautista S., Rafael: *Reflexiones des-coloniales*, rincón ediciones, La Paz, Bolivia, 2014.

[16] Ramón Grosfoguel y otros usan bien esa denominación a la hora de mostrar una geopolítica ontológica en el diseño global moderno-occidental.

[17] "Para imponer la forma sociedad, el capitalismo debe destruir toda forma comunitaria de vida, es decir, debe constituir un nuevo tipo de subjetividad incompatible con los valores de solidaridad, reciprocidad o complementariedad, valores propios de una forma comunitaria de vida. Sacar estos valores del corazón de los individuos e imponer aquellos

de nuestras medicinas ancestrales y hasta de las homeopáticas o alternativas. Frente a un aumento de casos, ya sean inducidos, falseados o provocados, se insiste en protocolos que ya desatan demasiadas dudas, no sólo por su relativa efectividad sino sobre todo por una sesgada información que sólo sabe rellenársela de intimidación y miedo (coadyuvado por los mass media).

Se impone un rotundo sometimiento al dictamen de la ciencia creadora de enfermedades y patrocinada por la "farmafia" global y no se da lugar a nada que no sea los protocolos tecnocráticos que, sospechosamente, entran en consonancia con un ya advertido "nuevo orden mundial" acorde a las necesidades exponenciales del 1%, ahora en literal contradicción con la sobrevivencia de la humanidad entera.

La doctrina moderna más acabada entra en disputa –ante la constatación global de una "rebelión de los límites" mismos de la naturaleza y del planeta– con la vida misma: una economía del crecimiento infinito, acorde a la codicia como forma de vida moderna, es incompatible con toda la vida; en ese sentido, los billonarios del mundo optan y ejecutan, por necesidad unilateral,

---

pertinentes al desarrollo del capital (como es la competitividad, el cálculo de utilidad propia, el interés particular, etc.), es lo que se conoce como 'extirpación de idolatrías'. En esto, Walter Benjamin tiene razón: el capitalismo es una religión y todo aquello que no coincide con su religiosidad es considerada idolatría y ello justifica su eliminación. Por eso teológicamente la 'extirpación de idolatrías' constituía la antesala de un *vaciamiento sistemático de la humanidad del indio* para inmolarlo al nuevo dios del mundo moderno: el capital. Una vez secularizado el discurso teológico, las ciencias se constituyen en la continuación de esta 'extirpación' en todo ciclo expansivo del capitalismo; pedagógicamente se ira constituyendo aquella subjetividad, vaciada primero de todos los valores incompatibles con el capital, para así generar los sujetos capaces de impulsar el desarrollo de relaciones sociales, ya no comunitarias". Bautista S., Rafael: *Del mito del desarrollo al horizonte del vivir bien*, ed. cit., p. 69.

la implementación explícita de la más cara doctrina civilizatoria moderna: *Yo soy si tú No eres, Yo vivo si tú No vives*.

En ese sentido, todos los anuncios de un mundo postpandemia sólo reafirman la continuidad de lo que ya se viene ejerciendo como nueva normalidad anormal en un "mundo sin alternativas", que era, también y curiosamente, el emblema del neoliberalismo a la Thatcher y Reagan. Para Margaret Thatcher –inspirada en Hayek y Friedman– lo único que existe es el individuo, y éste es el que ahora –empoderado por la ideología neoliberal, hecho 1% y en potestad de más del 60% de la riqueza global– se alza contra la humanidad para decidir, como un auténtico dios, quién vive y quién muere.

La política del Estado mínimo y la libertad irrestricta del mercado conducían a este callejón sin salida. Desde que el capital productivo es subordinado a las prerrogativas del capital financiero, las contradicciones que produce el capitalismo y su tendencia desarrollista, son agudizadas de modo irracional y, por mediación de la globalización, llevadas a un punto de mera política de sobrevivencia.

"El mundo basta y sobra para todos, pero no para la codicia infinita de unos cuantos", decía Gandhi. La codicia, como forma de vida moderna, está hecha para la satisfacción nunca satisfecha de esos cuantos que, nunca dispuestos a abandonar sus pretensiones, conducen a todos a una situación sin salida: *Yo vivo si tú No vives*.

Esta situación provocada por la apuesta de mera sobrevivencia nos conduce a una situación de guerra de facto. La cuarentena global constata aquello; porque se trata de un encubierto arresto domiciliario que apunta a la conculcación de un derecho humano básico: si la protesta se reprime y hasta criminaliza (con la connivencia de la propia sociedad) entonces no hay rebelión posible y esto constituye la plena realización de todo Estado de excepción.

Desde el 2001 y el auto-atentado a las torres gemelas, el Imperio adopta la política del "caos constructivo" o "guerra infinita"; desde entonces se globalizan también los enemigos señalados por el Imperio y empieza una política de *deshumanización de los desobedientes* (congregándolos en el llamado "eje del mal") para legitimar posteriormente una política explícita de aniquilación mundial.

A partir de aquello, podemos colegir que, las preocupaciones del FMI en torno al gasto que implicaría, para el sistema económico, las jubilaciones, señalando a la población senil como una literal carga para la "frágil" economía, no hace sino develar el apetito que el poder financiero tiene por el sistema global de pensiones (ya les queda poco por apostar en su demencial casino financiero mundial, así que van por lo poco que queda en una literal política de *desposesión* de riqueza, o sea, piratería abierta y sin tapujos).

Antes de declarar la plan-demia y la cuarentena obligada "a los sanos" (sin una clara e indudable política preventiva y terapéutica, adecuada además a las diferentes realidades que vive cada país), los organismos internacionales ya optaron apresuradamente por alinearse a directrices que no emanan ni siquiera de los gobiernos centrales sino de la burocracia financiera y la urgencia de enmendar la irracional y maligna burbuja creada por (a decir de Warren Buffet) las "armas financieras de destrucción masiva", o sea, los famosos "derivados". Para reciclar soberbiamente esa irracional burbuja financiera y naturalizar el "dinero fiat", se debía provocar un colapso global sin posible remedio.

El fracaso del sistema económico tiene que pagarlo la humanidad toda, y esto no es más que la actualización de la política de "gestión de riesgos" que se implementa decididamente con la des-regulación de los mercados financieros que efectúa la administración Reagan (cuando remueve a Paul

Volcker y pone, como jefe de la FED, a Alan Greenspan); es decir, los *riesgos reales* ya no son nunca más asumidos por los apostadores financieros mundiales sino, gracias a la globalización que promueve el dólar, por toda la humanidad.

El confinamiento impuesto a nivel global tiene sentido en ese contexto y responde a esa misma "gestión de riesgos" que, en nuestros países, delata una política implícita de darwinismo social. Por eso el fenómeno pandémico aparece selectivo y dirigido a poblaciones específicas, empezando por los ancianos y terminando en negros, latinos, indios y, en general, todos los pobres del planeta. En ese sentido, la propuesta de vacunación mundial, hecha por la "Fundación Bill y Melinda Gates" (avalada por los poderes fácticos) es entonces coherente con un provocado "nuevo orden mundial" post-pandemia (por ello incluso se filtra una condición que se pone, sobre todos a los Estados periféricos: la ejecución de una vacunación generalizada y obligada exime de cualquier responsabilidad a la "Fundación Gates", de algún efecto colateral que puedan provocar sus vacunas).

En esta trampa encubierta, que la política de la cuarentena global ha desatado, mediante una promoción mancomunada por los mass-media, es que los poderes facticos, tomando como portavoz a una desacreditada OMS –raptada por la "farmafia" global– buscan remediar la decadencia vertical del sistema-mundo moderno, su *diseño geopolítico centro-periferia* y toda su institucionalidad post-Bretton Woods creada para un mundo exclusivamente dólar-céntrico.

El egocentrismo prototípico de la modernidad, diseñado para impulsar una economía que, para su óptimo desarrollo, produce individuos egoístas que persiguen la satisfacción única y exclusiva de sus intereses puramente particulares; es la plataforma moral que ha creado la ilusión gigantográfica de una riqueza posible para todos, cuando, en los hechos, esa apuesta hecha forma de vida es la que genera la inconmensurable producción de miseria material y espiritual y que, en la actualidad, demostrado su rotundo fracaso, sólo ve como única opción el sacrificio sistemático de los verdaderos productores de riqueza, o sea, los pobres producidos por el mismo capitalismo.

Ese desprecio tiene lógica y tiene historia y es lo que se halla detrás de la *clasificación antropológica racista* que produce la modernidad para auto-justificarse como la única cultura digna de llamarse "humana" que, de genocidio en genocidio, desde el 1492, sólo ha demostrado ser la forma de vida más perversa y siniestra que haya podido originar la expansión europea desde el siglo XVI.

En ese contexto, la primera guerra biológica no sucedió en el siglo XX sino en la Conquista del Nuevo Mundo y eso manifiesta la enferma patología de los conquistadores que tenían a sus propios virus como vanguardia ofensiva de su guerra no declarada. Así como Trump no representa una anomalía gringa sino encarna fielmente a la idiosincrasia *excepcionalista* norteamericana, así también esta plan-demia no es sino la continua política aristocrática moderna euro-gringo-céntrica llevada por otros medios. Sus "armas de destrucción masiva" pasaron de ser nucleares a financieras, de cibernéticas a virales. Y los que producen la enfermedad ahora nos quieren vender la cura. El círculo vicioso perfecto.

4. De la quiebra mundial a la "deuda infinita".

Lo peor que podía habernos pasado en Bolivia fue el golpe de Estado. En la improvisada y errática política que impone la dictadura actual, podemos ver a dónde nos conduce la cuarentena infructuosa o, dicho de mejor modo, la *anomia estatal en progreso*. Un país de relativa consistencia estatal y frágil estabilidad económica, puesto a confinamiento despiadado, sólo puede tener como probable destino su *quiebra sistémica*. Este panorama es el que se va dibujando en el contexto mundial.

Si los crecimientos económicos ya no son posibles en el primer mundo, entonces, en plena *crisis existencial civilizatoria*, lo único que les queda a los poderes fácticos es implementar, de modo más decidido, la política de *acumulación por desposesión*, pero esta vez, consentida por las propias víctimas. De ese modo, la situación provocada de quiebra generalizada –vía cuarentena prolongada con cara sanitaria– se presenta como el mejor campo de "aprovechamiento de oportunidades" para que el 1%, por mediación del FMI y el Banco Mundial, hagan que la burbuja financiera y el "dinero fiat" aparezcan en la economía global como el Mesías apocalíptico que salve al mundo y origine la encomienda divina del "arrebatamiento de los elegidos"; es decir, la imposición ilimitada e indefinida de una política global de darwinismo social, que le conferiría al sistema económico prerrogativas hasta divinas.

La "selección natural" darwiniana la decide el Moloch moderno: el mercado y el capital global; y ante él los poderes fácticos realizarían el sacrificio expiatorio de los "inferiores", "atrasados" y, gracias a la plan-demia –como diría el Dante–, "despojados de toda esperanza". Quienes queden (como sobrevivientes entidades formalmente estatales), pagarán su salvación por el consentimiento, rubricado en sangre, de consagrarse piadosamente al "reino de la deuda infinita".

Esta "deuda infinita" es la otra cara de los "bonos perpetuos" que plantea George Soros vía Comisión Europea. Este nuevo tipo de deuda representa una figura *económico-teológica* que pondría en jaque a todos los Estados, acorralados en la inminencia de una gobernanza global con atribuciones ilimitadas. Si somos precisos, más allá de los *prejuicios seculares* de la intelectualidad moderna, esta "deuda infinita" es la realización absoluta y universal de la religión sacrificial que impone la Cristiandad occidental greco-latina, como exigencia infinita del dios banquero, que hace de la deuda el *sacrificio perfecto* para *pagar infinitamente* el deicidio y el "pecado original" (el infierno en la tierra).

Pero un dios que no perdona es incompatible con la vida. Por eso se trata de un dios de la muerte y, con su poder financiero, habiendo asaltado la economía mundial, ahora se encuentra en las mejores condiciones de imponer un apocalipsis con cara de redención exclusiva para el 1% de billonarios globales. (Los ricos se hicieron una aguja colosal para hacer pasar todos los camellos que se les antoje y, de ese modo, demostrar que el reino de los cielos tiene precio, y poder contradecir al mismo hijo de Dios y comprar el cielo y el paraíso).

Por eso la creación de *anomia estatal* no era episódica o circunstancial. Lo sucedido en Bolivia no estaba lejos de lo que se venía para todo el mundo. Frenar el éxito expansivo chino o ruso ya no es posible, por eso se tenía que escarmentar cualquier tipo de éxito económico en el patio trasero del Imperio (que, para colmo, abra su economía a China y Rusia). El rapto de Latinoamérica era y es fundamental para contrarrestar la inevitable expansión de la Ruta de la Seda y la geoeconomía del Pacífico. En esta lucha de sobrevivencia imperial, la plan-demia ha complejizado y complicado las opciones vitales y arrastrado ahora a la humanidad a un estado de default moral.

Por eso la quiebra trasciende lo económico cuando el confinamiento (agudizado por el miedo que propagan los medios) altera la propia convivencia humana, llevándonos a la clausura paulatina de las relaciones humanas mediante la desconfianza generalizada. Lo que era un despropósito dictatorial en el derecho (la conculcación de la "presunción de inocencia"), ahora se expresa en la salud: "todos somos enfermos hasta que se demuestre lo contrario" (pero en un mundo injusto y desigual, hasta la demostración tiene su favoritismo).

Por eso los ricos, en semejante clase de mundo, optan por la sobrevivencia, porque saben que todo tiene precio y, si los beneficios empiezan a encarecerse, porque los recursos empiezan a escasear, entonces, en su lógica mercantil e instrumental, no hallan otra opción que la beligerante. Es lo que tenemos enfrente: una guerra no declarada, de carácter *hibrido* e *infinito*. Ese es el callejón sin salida al que conduce una economía de la muerte y una forma de vida basada en la codicia, la opulencia y el despilfarro.

La sociedad moderna se encuentra en su laberinto definitivo. Pero eso no significa que baste el diagnóstico para suscitar un cambio definitivo. Vale la aseveración que hace Larken Rose: "la mayoría de la gente preferiría morir que reconsiderar objetivamente el sistema de creencias en el cual crecieron (...) si les fuese sugerido que son sus propias creencias las que contribuyen a la miseria que tanto les conduele, ciertamente lo negarían sin pensarlo dos veces"[18]. Por eso el capitalismo, que *crea crisis* y *vive de la crisis*, no muere; porque el mundo es también *un estado de consciencia* y si la consciencia social es *equivalente* al mundo objetivo, aun en su plena decadencia, entonces el mundo sigue en pie, porque aquella *equivalencia* es la *creencia* que se le brinda y necesita el mundo, como alimento energético, para su propia y continua reposición.

Esto es lo que se les escapa a los socialistas utópicos actuales, tipo Zizek, que se ilusionan ingenuamente con un

---

[18] Cfr. Rose, Larken: *The most dangerous superstition*, 2011, https://www.mensenrechten.org/wp-content/uploads/2014/05/the-most-dangerous-superstition-larken-rose-20111.pdf

derrumbe inevitable del capitalismo[19]. Tampoco Habermas atina al considerar que no se trata de que "nunca habíamos sabido tanto de nuestra ignorancia ni sobre la presión de actuar en medio de la inseguridad"[20] sino de reconsiderar, entre otras cosas, una idea de legitimación democrática confiada demasiado a los expertos y especialistas (como argumenta su "pragmática *universal*"[21]), lo que ha mermado seriamente una real democratización de, por ejemplo, la "Comunidad Europea de Naciones" (que tiene a Habermas como uno de sus inspiradores).

Antes de la plan-demia, esta "comunidad" ya estaba desahuciada y lo que hizo el virus fue simplemente demostrar la decadencia hasta moral en la que se encuentra una Europa que nos muestra que jamás fue ejemplo para el mundo y menos ahora, cuando dan muestras de una completa falta de solidaridad entre sus propios miembros. No en vano la "pérfida Albión", por medio del "Financial Times", crea el acrónimo PIGS para expeler su profundo desprecio al sur de Europa. Primero sacrificaron a Grecia, ahora el orden continúa con España e Italia.

Esa falta de solidaridad es algo que demuestra que, de comunidad, Europa sabe muy poco. Y es algo que delata que,

---

[19] Por ejemplo, cuando dice: "Ahora, cuando incluso Trump habla de la renta garantizada, es cuando nos podríamos acercar a la salvación colectiva". *La pandemia vista por Slavoj Žižek*, ver: https://www.lavanguardia.com/cultura/culturas/20200514/4811334775 07/cultura-libros-pandemia-virus.html

[20] "Nunca habíamos sabido tanto de nuestra ignorancia", ver: https://www.diariocordoba.com/noticias/sociedad/jurgen-habermas-nunca-habiamos-sabido-tanto-nuestra-ignorancia_1364176.html

[21] En eso Apel, el maestro de Habermas, es más radical, al proponer en su "pragmática *trascendental*", la idea de incluir a *todos los afectados* en una "ideal comunidad de argumentación". La discusión sobre este tema se puede hallar en: Apel, Karl-Otto y Dussel, Enrique: *Ética del discurso y Ética de la liberación*, Trotta, Madrid, España, 2004.

ante la plan-demia, el poder oculto o Estado profundo ha instituido, a nivel global, la política del "sálvese quien pueda". Hay mucho dinero que precisa ponerse en movimiento, hacerse capital, para seguir la espiral exponencial de crecimiento del verdadero virus parasitario que azota a la humanidad y la naturaleza por cinco siglos.

La deuda que se viene diseñando tiene por eso significación hasta teológica, porque se trata de restaurar los mitos fundacionales que hacen posible al reino de este mundo. Una *deuda infinita* es imposible de pagar, por eso *ya no hay futuro para la humanidad*; la demolición planificada del Estado de derecho, el derecho internacional y el multilateralismo, que ya se venía aplicando bélicamente, ahora encuentra en la plan-demia global, el mejor escenario para su aniquilación definitiva.

Como en la colonia, así como los indios tenían que pagar, con el tributo indígena, el derecho a vivir, ahora son las naciones del mundo las que se encuentran en semejante realidad. "Vivir a costa de otro" fue siempre la divisa del tipo de individuo que produjo el mundo moderno y el capitalismo. Por eso la sociedad moderna, a confesión de Hegel, es, *por necesidad interna*, productora constitutiva de desigualdades continuas y crecientes[22]. Por eso los billonarios siguen en sus irracionales apuestas financieras, porque saben que, en este mundo, todo es negocio. No les importa que el mundo se venga abajo sino, ¿cuánto dinero podrían hacer cuando el mundo se venga abajo?[23]

---

[22] Cfr. Hegel, G.W.H.: Hegel, G. W. Friedrich: *Principios de la Filosofía del Derecho*, EDHASA, Barcelona, España, 1988; *Introducción a la Filosofía de la Historia Universal*, ed. Istmo. Madrid, España, 2005.

[23] La frase es atribuible a Alessio Rastani, agente de bolsa o bróker, que dice cosas como: "cuando me voy a la cama sueño con otra recesión porque eso permite ganar más dinero", "los gobiernos no dirigen el mundo, Goldman Sachs dirige el mundo", "el mercado está quemado y no importa lo que pase con el euro", "a la mayoría de nosotros no nos

5. El pueblo como la "incógnita dura" en la ecuación plan-démica.

La plan-demia ha sido concebida con anticipación y, por mediación de una crisis sanitaria a nivel global (sabiendo que cualquier evento epidemiológico iba a desnudar el desmantelado sistema público sanitario por las políticas de privatización que se vino implementando por la globalización neoliberal), lo que se buscaba y pretende imponer es un *panóptico mundial,* donde se despliegue "libremente" una siniestra política de obediencia incuestionable a un "nuevo orden" impuesto por un fatalismo inventado; en ese sentido, la cuarentena no tiene propósitos médicos sino políticos y debiera ser analizado como lo que es: un *ejercicio estratégico de militarización* de la sociedad civil.

La encadenada dependencia de las economías periféricas al sistema mundial, agudizada por la globalización financiera del dolarcentrismo, hace que la mayoría de los países, sobre todo los reducidos a sumisión colonial, no puedan ejecutar ningún tipo de adecuaciones locales de los protocolos emitidos e impuestos por el centro y sus organismos (incluso países como Venezuela o Cuba no pueden eludir abiertamente las directrices de, por ejemplo, la OMS, apostando por políticas sanitarias desmarcadas de las impuestas). Por eso la plan-demia podía poner en jaque a casi todo el mundo, porque gracias a la globalización, los Estados poseen una exigua capacidad de soberanía política, temerosos además de la invasión o el bloqueo económico que puedan sufrir (desde el 1961, el escarmiento contra Cuba ha sido vendido perversamente al mundo como fracaso económico propio).

---

importa cómo arreglar la economía nuestro trabajo es ganar dinero". Ver: Alessio Rastani ¿Un "broker" (sin escrúpulos) que dice verdades o un farsante?, www.youtube.com/watch?v=6lfaxNBZxkg

Rusia y China, teniendo más capacidad de maniobra estratégica, parecen apostar, en medio del arrinconamiento nuclear, a la paulatina anulación de la geopolítica occidental. El diagnóstico que manejan todavía no se expresa abiertamente y, al parecer, el descalabro paulatino de la economía occidental, da lugar a sus previsiones de una implosión no calculada del sistema económico en su conjunto (la reciente promoción de la moneda digital china e-RMB como nuevo patrón del comercio internacional, desplazando definitivamente al dólar como única divisa universal, afirmaría esa apuesta).

Si se trata de hacer cálculos, lo que la autosuficiencia occidental soslaya es el hecho que otras civilizaciones, como la China, hacen cálculos mucho más complejos y estratégicos. Pero los chinos no son ilusos y saben del poder que podría desatar una bestia moribunda y, sobre todo, amenazada.

Ya no estamos frente al Imperio decimonónico del mundo unipolar. Si quisiéramos definir, en ese contexto, al Estado profundo, tendríamos que recordar al presidente Eisenhower y su "farewell to the nation": el aparato militar-industrial que denunciaba tener un poder e influencia crecientes sobre toda la sociedad norteamericana, constituía la *tensión imperial* que se propone al interior de un Estado con *capacidad de irradiación exponencial de su poder estratégico*. En ese sentido, el Estado profundo es aquella capacidad de trascender su carácter inicial de Estado particular y *proponerse universal*, en este caso, imperial.

Por eso genera la globalización, como mediación afirmativa de su carácter imperial o de *dominación exponencial*. Por eso hay que subrayar siempre que un Imperio *no lucha por intereses particulares*. Su objetivo es el poder absoluto, es decir, *el poder total*. En nombre de ese *poder absoluto* es que sus intereses, ahora hecho valores, se hacen *exponenciales*, o sea, *divinos*. En eso consiste, la grandeza y la miseria de su *pretensión de dominación exponencial*.

Por eso, cuando hablamos de una *situación post-imperial*[24] en un mundo partido en dos (el orden y el caos, o el cielo y el infierno), no nos referimos al fin del Imperio sino a una complejidad mucho más siniestra. El Estado profundo, desde los setentas, y la política de reducción neoliberal del Estado mínimo, anunciada por Zbigniew Brzezinski, iba en la dirección de reconfigurar al sistema-mundo como sistema-matrix; en ese sentido, el Estado profundo no es una gobernanza mundial sino el *Sanctum Sanctorum* del proyectado "nuevo orden mundial" (esa es la "hibris" humana en su mayor expresión y lo que da lugar a las conjeturas conspiracionistas más fantásticas; sin olvidar que han sido y son, los poderes fácticos y sus agencias de inteligencia, los primeros diseminadores de teorías de la conspiración).

Kissinger (quien ya se apresura a proponer un "nuevo orden mundial post-coronavirus", porque señala que, "se alterará el orden mundial para siempre") tenía razón al describir la evolución de la autoconsciencia imperial: "controla los alimentos y controlarás a la gente, controla el petróleo y controlarás a las naciones, controla el dinero y controlarás al mundo". Esta última, en consonancia con la divisa de los Rothschild ("denme el control de la moneda y pongan cualquier gobierno"), es ahora consumada con la plan-demia global: "administra la enfermedad y determinarás, como dios, el destino mismo, es decir, la vida y la muerte de todos".

Una visión "contemplativa" sólo puede recluirse en el absorto deslumbramiento de esta calculada plan-demia, pero de lo que se trata es de sobreponerse, superar la determinación

---

[24] Cfr. *El neoimperialismo: una descripción des-colonial de la nueva cosmogonía del estado profundo*, en: Bautista S., Rafael: *El tablero del siglo XXI*, ed. cit.

impuesta, y no quedar atrapado en lo que señalaba Karl Rove: "nosotros, como Imperio, hacemos la historia, y ustedes sólo pueden estudiar lo que nosotros hacemos". Por eso el asunto, en última instancia, es de percepción, es decir, *del tipo de perspectiva que adopto*, a la hora de realizar el *diagnóstico de la patología del mundo que habito*. Si me sitúo en la perspectiva imperial, no hallo salida, porque me encierro precisamente en el callejón sin salida al cual me conduce la apuesta de sobrevivencia del 1%. Pero la perspectiva imperial, en su marcado desprecio aristocrático, siempre olvida algo: el factor pueblo.

La perspectiva imperial cree que nos encontramos en una situación apocalíptica, pero, en realidad, nos encontramos en un *éxodo* mundial, es decir, en un *tiempo mesiánico*. Por eso hay que ver la plan-demia y su consecuente cuarentena global, como ejercicio militar, es decir, como *geopolítica de disuasión estratégica*; pues de lo que se trata es de imponer un "nuevo orden mundial", sin contemplación alguna, sin que nadie pueda objetar nada y sin necesidad de consensuar con nadie.

Pero esa visión, si bien presupone quiebras sistémicas estatales y una posterior lucha competitiva mucho más despiadada de las economías sobrevivientes, llevándonos a una diseminada y explosiva guerra de aranceles, con la más que probable quiebra mundial, no posee, en el algoritmo que imaginan, el enigma resuelto del factor decisivo, la "incógnita dura" de la ecuación imperial: el *pueblo en tanto que pueblo*.

Si recordamos el *éxodo*, el corazón del faraón es endurecido para que se manifieste otro poder indescifrable, que es el que guía al pueblo hacia su liberación. Más allá de que sea una narrativa particular, lo que nos debiera interesar es el hecho de que un proceso de liberación presupone eventos apocalípticos para la perspectiva de dominación pero de *revelación* para el desiderátum utópico popular. Es en ese proceso que se constituye el pueblo en *pueblo verdadero*.

Pero esto ha de suponer una *transición existencial* de los pueblos a la plena autoconsciencia de su definición histórica definitiva; es decir, el reconocimiento de su propia *potencia utópica* como la masa crítica necesaria para provocar la insurgencia conclusiva de todos los pasados olvidados y toda la historia negada, de todos los futuros excluidos y los porvenires diferidos por el tren del progreso moderno.

La salida del Egipto, o sea, del mundo imperial, es siempre *existencial*. Por eso dicen los sabios: "es más fácil salir del mundo que el mundo salga de uno". La primera es una salida formal, en cambio la segunda implica una salida como *apuesta autoconsciente* de proponerse una nueva forma de vida. Esto es lo que nuestros pueblos han insistido a lo largo de toda su insurgencia como *re-vuelta* a una situación de ruptura ontológica con el devenir histórico impuesto por el mundo moderno, es decir, crear el *Pachakuti*[25] o *tiempo mesiánico*.

Liberarse ahora quiere decir *volver a lo nuestro*, a nuestras medicinas, a nuestras plantas maestras, a nuestros alimentos, apostar por lo propio y, en ese retorno, dar

---

[25] "... En tal caso, lo nuevo, sería además de lo contenido o potencial, lo inaudito en tanto *pachakuti*, lo que el mismo presente contendría como acumulación de la privación. Lo inaudito sería la presencia de la ausencia, lo incomprensible. La recuperación histórica haría posible la comprensión de lo que en el presente hay de nuevo y verdadero, de modo que el presente pueda ser lanzado, pero no a un futuro abstracto, sino al futuro que se deduce del pasado como recuperación del sentido histórico; el eje de la política ya no sería el eje lineal presente-futuro sino la reunión proyectiva de presente-pasado-futuro. Mirar al pasado no sería un *ir hacia atrás* (en los términos cronológicos) sino también un *ir hacia adelante* pero, en este caso, el *adelante* es la recuperación del sentido del presente. ¿Cómo se entendería el acontecimiento trascendental novedoso del presente? Por el pasado. Sin aquella memoria histórica (la otra historia) lo que acontece en el presente se diluiría en la confusión". Bautista S., Rafael: Bautista S., Rafael: *Hacia una constitución del sentido significativo del "vivir bien"*, ed. cit., p. 54.

definitivamente la espalda al mundo que se viene abajo por sus propias desmesuras. "Dominar la naturaleza" siempre fue un despropósito y jamás admitido por la cosmovisión de nuestros pueblos, y ello fue siempre una constante en la insurgencia popular que reivindicó en su grito, el grito de la Madre, la PachaMama. La desmesura de dominación, que impulsa al progreso moderno, ahora se la radicaliza con el dominio sobre la vida misma, como el último eslabón de una mercantilización absoluta.

Pero no se puede jugar con la vida misma. Ningún cálculo puede pretender una perfecta predictibilidad ante la contingencia de la propia realidad. Quienes ahora se creen dioses para decidir la vida o la muerte de la humanidad, se han creído la ilusión que provoca la inteligencia artificial. Ésta dependerá siempre de la información humana suministrada en sus operaciones lógicas, y esto es lo que relativiza y hace falibles sus algoritmos conclusivos.

El factor humano es imposible de cálculo, más aún cuando hablamos del *resto crítico* que se constituye en pueblo. Un mundo constituido en totalidad cerrada no puede, por definición, abarcar la *exterioridad*[26] excluida y negada. Por eso el pueblo produce su liberación, desde su propia autodeterminación. En esa su auto-constitución en sujeto es que se descubre a sí mismo, *su propia potencia histórica y utópica*, que supera no sólo su dependencia sistémica sino su mismo

---

[26] La categoría de *exterioridad* es fundamental a la hora de encaminar una crítica en regla de toda totalidad ontológica. En ese sentido, la recepción crítica que hace Dussel de esta categoría levinasiana, aún nos parece pertinente para situar un locus de enunciación crítico. Cfr. Dussel, Enrique: *Para una Ética de la Liberación*, vol. I-V, Siglo XXI, Argentina, 1973; *Filosofía de la Liberación*, Nueva América, Bogotá, Colombia, 1996. También: Levinas, Emmanuel: *Totalidad e Infinito*, Sígueme, Salamanca, 2002; *De otro modo que ser o más allá de la esencia*, Sígueme, Salamanca, España, 1987.

presente y le abre al porvenir que proyecta su propio anhelo de vida.

Por eso el pasado, su propio pasado, la historia que renace en su propia liberación, le es inspiración decisiva para alumbrar la dirección de su propio horizonte utópico. Volver entonces significa *recogerse, acopiar las semillas* que sobreviven en su lucha para despertar la tierra de sus sueños. Por eso no triunfa el Imperio y así como más de la mitad de su flota de portaviones se encuentran varados (infectados por el virus están los USS Roosevelt, Nimitz y Carl Vinson, en reparación los USS Lincoln, Washington y Stennis, además de estacionados los USS Bush y Ford), así también la pesadilla de Bahía de Cochinos vuelve a perturbarle su propia confianza en la última frustrada invasión a Venezuela.

Entonces, la cuarentena tiene, como fin político, desmovilizar a los pueblos y hacer imposible toda resistencia; pero el Imperio no sabe que la reclusión también puede servir para restaurar comunidad y memoria, para que el pueblo se reinvente a sí mismo y reinvente su propia lucha. Hoy es vital volver a nuestras plantas maestras, a nuestras medicinas/alimentos, demostrarle al mundo que no en vano hemos sobrevivido cinco siglos *gracias al consumo de lo nuestro*.

Desde nuestra cosmovisión, hasta el virus es una semilla[27], a la cual se puede criar, se la puede recibir y despachar

---

[27] "Nuestra cosmovisión se relaciona de forma equivalente entre seres humanos, deidades, lo sagrado y la "Pachamama" (Madre Tierra), es decir entre personas. Todo tiene vida, todos son sujetos. Por eso, doña margarita nos indica: *'Hay que recibirle a la enfermedad',* en ese momento ella está concibiendo al virus como sujeto como persona. Además, el respeto está de por medio, no se la sobreestima, y tampoco se la pone por debajo del ser humano. Es una conversación holística del todo". Nina Bautista,

bien, como se hace a la gente (siendo manipulación de laboratorio, el virus es un Frankenstein creado para dar miedo, pero él también sufre, sabiendo lo que le han hecho). Sólo la ciencia médica moderna concibe a las enfermedades como enemigas y opera sobre ellas terapias bélicas, no sabiendo que atacando a la enfermedad ataca al propio cuerpo, y al alma. Esta concepción bélica que maneja la medicina moderna es lo que ha entrado en crisis a fines del siglo XX, pero sigue gozando de credibilidad gracias a la cooptación que ha hecho la "farmafia" global de todos los medios de comunicación y las universidades.

Por eso el macabro interés en suprimir y exterminar cualquier disidencia frente a los protocolos sanitarios que dictaminan los poderes facticos. Todo con el fin de imponer la vacuna universal como única salvación del limbo inventado.

Nadie nos dijo que la liberación iba a ser fácil porque, además, implica la apuesta soberana de abandonar el sistema de creencias moderno-capitalistas que, sin darnos cuenta, era lo que nos mataba en vida y, de forma sutil, se metía dentro nuestro como un operador autónomo que decidía hasta nuestro destino. El reto siempre fue del pueblo y es el que definirá esta última ofensiva imperial. La verdadera esperanza nace siempre en las coyunturas más desoladoras, porque es precisamente allí donde se fragua el auténtico espíritu de liberación.

La Paz, Bolivia, Chuquiago Marka, 22 de julio del 2020.
Rafael Bautista S.
rafaelcorso@yahoo.com

Juan Carlos: *Saberes ancestrales andinos: Crianza del Virus. Un secreto, para no contagiarnos con la enfermedad*, inédito, El Alto-Bolivia, abril de 2020.

La desterritorialización de lo decolonial

Andrés Kogan Valderrama

Presentación

El siguiente artículo tiene por objetivo hacer una revisión de un proceso histórico de conquista de la Madre Tierra, la cual se iniciara con el nacimiento de las grandes civilizaciones, las cuales con el tiempo han generado distintos dominios de poder para controlar cuerpos, comunidades, y territorios, a través del androcentrismo, antropocentrismo, adultocentrismo, cuerdismo y eurocentrismo.

Es este último dominio de poder, el eurocéntrico, que ha sido objeto de análisis de parte del llamado giro decolonial desde el 2000 en adelante, el cual ha irrumpido fuertemente en el mundo académico de América Latina. Su crítica a la idea de una universalidad del conocimiento, desde occidente, lo ha hecho ser un referente en lo que respecta a miradas que buscan ir más allá del proyecto moderno, el cual ha impuesto una colonialidad del saber a nivel global, dejando fuera a otras epistemologías existentes.

No obstante, el giro decolonial ha devenido en un fuerte proceso de desterritorialización, ya que al centrarse en su crítica al eurocentrismo, no ha sido capaz mayormente de situarse desde lógicas territoriales, en donde el extractivismo se ha seguido profundizando y poniendo en riesgo las condiciones mínimas de vida en el planeta. De ahí que algunos de sus referentes hayan caído en un fuerte academicismo y hasta una burocratización intelectual, al servicio de los llamados gobiernos progresistas de la región (Bolivia, Ecuador y Venezuela).

Si bien esta tendencia se puede ver en buena parte de sus referentes más conocidos, sobre todo en lo que se refiere a Enrique Dussel y Ramón Grosfoguel, en tanto miradas que han omitido el extractivismo en nombre de su crítica al imperialismo estadounidense, los casos de Arturo Escobar y de Edgardo Lander nos muestra una mirada desde los territorios, afectados principalmente por proyectos mineros, agroalimentarios, petroleros, inmobiliarios, energéticos, mostrando así un compromiso político desde los pueblos y no desde un estadocentrismo.

En ese sentido, se problematizará desde la pluralidad del pensamiento crítico latinoamericano, vinculado a las luchas socioambientales de la región, que permita evidenciar los límites del giro decolonial, el cual en términos políticos termina siendo incapaz de cuestionar el rol de China en este momento como parte fundamental en un proceso de colonización de la Madre Tierra, al ser próximamente el nuevo centro del capitalismo global.

Asimismo, se planteará la necesidad de ir más allá de la idea de decolonialidad en este contexto de pandemia del Covid-19, para dar paso a la noción de pluriverso, entendiéndola desde la idea y práctica zapatista sobre un mundo en donde quepan muchos mundos, permitiendo así la visibilización y articulación de experiencias de lucha desde los territorios.

Para terminar este capítulo, se desarrollará una breve reflexión sobre lo planteado anteriormente y el desafío que tenemos como seres vivos en un contexto pospandemia, el cual es clave para el presente en lo que respecta a la reproducción de la vida en el planeta.

La conquista histórica de la Madre Tierra

La conquista histórica de la Madre Tierra puede entenderse como parte de un proceso que comenzó a gestarse hace más de 9.000 años atrás, a partir de la emergencia de la denominada revolución neolítica, en la cual se construyera la agricultura y la ganadería como formas de control de los ecosistemas y las distintas formas de vida en el planeta, con la finalidad de desarrollar estructuras de poder que con el tiempo derivarían en distintos dominios de opresión de unos sobre otros, como lo son el Estado, la propiedad privada y la familia

En otras palabras, es cuando se deja atrás el sistema paleolítico anterior, de miles de años, el cual tenía la característica de ser de subsistencia y de tener la particularidad que las comunidades humanas, conformada por clanes matriarcales, se relacionaban de manera armónica con los ciclos del planeta. De ahí que las comunidades hayan sido por mucho tiempo cazadoras-recolectoras, las cuales al ser nómadas eran parte de los territorios que iban habitando. Esto a diferencia de las nuevas comunidades sedentarias, quienes comenzarán a perder ese vínculo territorial progresivamente, afectando de esa forma la forma de vivir de aquellos grupos de seres humanos de manera radical (Scott, 2017).

Es decir, la revolución agrícola trajo consigo el que los seres humanos empezaran a cuestionar su entorno e intentar controlarlo de cualquier forma y medio posible. Es así como la separación entre humanos y no humano comenzará a desarrollarse, trayendo consigo el comienzo de la era del Holoceno. De ahí que el tránsito del nomadismo al sedentarismo trajo un alto en lo que respecta al tipo de vida de los Homo Sapiens de aquel entonces, los cuales comenzarán a ver los territorios como espacios de disputa y de apropiación (Harari, Yuval Noah, 2014).

En consecuencia, la aparición de comunidades humanas sedentarias generó el surgimiento de las primeras grandes civilizaciones (Mesopotamia, China, Persia, Israel, Egipto, Grecia, Roma), las cuales estarán marcadas por el miedo a la escasez de alimentos para la reproducción de la vida humana. Frente a esto, los seres humanos construirán grandes civilizaciones basadas en la desconfianza y la incertidumbre, ante la posibilidad de una nueva amenaza climática que pudiera afectar la supervivencia de la especie.

Estas grandes civilizaciones traerán consigo la producción agropecuaria a gran escala de alimentos, el almacenamiento de reservas, y posteriormente con la revolución urbana, aparecerá la división entre campo y ciudad y la creación clases sociales. Es decir, se crearán las primeas jerarquías en los territorios, las cuales serán cada vez más usados como medios para la producción y como espacios para su explotación humana y no humana.

No es casualidad por tanto que la conquista a los territorios de la Madre Tierra irá acompañada con la aparición de una ontología naturalista de carácter binaria cada vez más hegemónica (Descola, 2012; Latour, 2008) , que afectará la manera de concebir y relacionarse con el mundo en espacio y tiempo (cultura-naturaleza, hombre-mujer, mente-cuerpo, adulto-niño). Las cuales sostendrán los nuevos sistemas de opresión de manera entrelazada históricamente, como es el caso del antropocentrismo, androcentrismo, adultocentrismo y cuerdismo. Esto en desmedro de ontologías relacionales animistas y vitalistas, las cuales han sido cada vez más desplazadas por su nomadismo y mayor apego a los territorios.

En el caso de la aparición del antropocentrismo y la dicotomía cultura-naturaleza, está estrechamente ligada al paso del nomadismo al sedentarismo, ya que solo de ese modo los seres humanos comenzaron a alejarse de una visión cosmogénica anterior de miles de años y empezar a diferenciarse y autonomizarse del resto de los seres vivos de la Madre Tierra. Esto posibilitó un desapego cada vez mayor de los territorios, lo que trajo como consecuencia la creación de religiones patriarcales, las cuales a través de las figuras de castas sacerdotales y de reyes, impusieron la idea de que eran los representantes de las divinidades en la Tierra, por lo que el destino del agua, la tierra, los bosques, las montañas y el resto de los seres vivos quedaba a merced de esta nueva autoridad humana.

Con la aparición posterior del monoteísmo a través del judaísmo y luego con el cristianismo e islamismo, se sentaron las bases bíblicas de una idea de un Dios masculinizado que explícitamente se presentó por sobre el resto de los seres vivos, siendo los humanos los encargados de administrar la Tierra (Mompó, 2008)[28]. De ahí que el uso de los bienes comunes de los territorios comenzara a ser explotados en nombre de Dios, ya que

---

[28] Por el contrario, las distintas Venus (Madre Tierra) anteriores, eran seres inmanentes, las cuales se caracterizarán por ser las engendradoras de vida en un mundo nómada y conectadas con los ciclos vitales. No obstante, estas deidades situadas territorialmente, se verán en peligro por un proceso de masculinización de la divinidad, iniciado con la Revolución Neolítica en adelante, en donde el aumento de conflictos por el control de tierras aumentará considerablemente, trayendo consigo que muchas de aquellas perdieran sus cualidades, se fragmentaran e incluso fueran vistas como seres de sufrimiento y de muerte, para dar paso a la aparición de Dioses guerreros fuertes, valientes y heroicos, donde el centro estaba puesto en la conquista y en la superioridad de unos sobre otros.

la Tierra era el centro de la creación y por ende estaba al servicio de los seres humanos, únicos poseedores de alma[29].

En el caso del androcentrismo, también su aparición ocurre durante la conquista neolítica a los territorios de la Madre Tierra, y estará marcado por el binarismo de género hombre-mujer, construidos con la aparición de la agricultura y ganadería, en donde la mujer quedó reducida a una idea de naturaleza dominable, mientras que el hombre a una idea de cultura dominante, en donde la violencia física y sexual fueron las primeras formas de sometimiento hacia las mujeres (Lerner, 1990).

Es desde ahí en adelante, que el cuerpo de la mujer pasó a ser considerado un lugar en donde el hombre podía controlar y apropiárselo desde la mirada patriarcal, así como con los territorios a través de la agricultura, pero también domesticarlo, como lo ha hecho con la ganadería, animalizando de esa manera lo femenino (Peña, 2018). Es decir, el cuerpo de la mujer pasó a ser un recurso natural a poseer y para satisfacer las necesidades de un hombre que poco a poco se fue apropiando de los bienes comunes (LasCanta, 2017).

A su vez, es importante mencionar también la construcción de un nuevo sistema de dominación de carácter adultocéntrico, aparecido también con la creación de la institución familiar, la cual puede entenderse como parte de un proceso de construcción de un nuevo sujeto histórico hegemónico, que necesitó dividir a los grupos humanos por edades, para así justificar un autoritarismo etario que ha sido reforzado y se ha ido retroalimentado en las diferentes instituciones que se han creado a lo largo de los siglos, como es el caso del escuela (Duarte, 2016).

---

[29] Una mirada completamente distinta propuesta por el teólogo de la liberación Leonardo Boff (1999), quien la plantea la idea de un Cristo Cósmico y la superación del Antropocentrismo.

En cuanto a la aparición posterior del cuerdismo, heredero del pensamiento griego clásico y base ontológica de la biopsiquiatría moderna, impondrá la idea de separación entre cuerpo y mente, en donde lo emocional quedará relegado a lo natural, por ende a lo irracional e inferior (Maturana, 2003). Es acá cuando aparecerá un nuevo sujeto subalterno, llamado loco, el cual desde la mirada hipocrática naturalista, sufriría una enfermedad somática en el cerebro que alteraría el funcionamiento de su psique, entendida ésta como el lugar en donde se encontraba el pensamiento, la inteligencia, la conciencia y la afectividad.

En consecuencia, la separación razón-emoción lo que buscó finalmente fue la idea de descubrir la naturaleza humana como tal, fortaleciendo así lo que ya se venía configurando, con la dicotomía antropocéntrica de cultura/naturaleza, ya que ambos procesos, junto al androcentrismo y adultocentrismo, responden a procesos de dominación, en donde ciertos grupos se sienten con el privilegio de imponer su visión del mundo a otros definidos como distintos, inferiorizando así a poblaciones enteras, al ser consideradas más cercanos a una idea de naturaleza salvaje.

Sobre la relación entre adultocentrismo, androcentrismo y cuerdismo, las mujeres también han sido tratadas como niñas históricamente, por ende sin derechos frente a los hombres, lo que se ha traducido en una infantilización y desacreditación de sus tomas de posición de manera no muy diferentes a como ha sido con los diagnosticados con desorden mental desde la mirada cuerdocéntrica imperante. Asimismo, la Naturaleza misma se ha infantilizado desde el adultocentrismo, lo que ha traído como consecuencia que necesite una autoridad que pueda cuidarla o someterla, siendo por supuesto el hombre adulto el responsable de hacerlo.

Además, la concepción biológica de la locura se entrelaza con una concepción patriarcal del cuerpo de la mujer, en donde la histeria por ejemplo se originaba según esta mirada por un problema en el útero materno (Tasca, 2012). De ahí que el cuerdismo sea una nueva forma de sometimiento a las mujeres, ya que la razón estaba al lado de los hombres, mientras que las mujeres quedaban al lado de la emoción, por ende más cercanas a la naturaleza, desde el punto de vista antropocéntrico.

Es así, como estos cuatro procesos de dominio (antropocéntrico, androcéntrico, adultocéntrico y cuerdocéntrico) no solo se conectan y potencian entre ellos, sino que pueden verse como la base ontológica que usará occidente durante la conquista de Abya Yala desde 1492 en adelante, a través de un nuevo dominio de poder eurocéntrico, problematizado mayormente por el llamado giro decolonial.

La emergencia del giro decolonial

El denominado giro decolonial puede verse como uno de los intentos académicos e intelectuales más importantes de los últimos años en la región, en tanto crítica al eurocentrismo instaurado hace más de 500 años por occidente luego de la conquista de Abya Yala en 1492. Sus antecedentes teóricos se pueden encontrar en la teoría del sistema-mundo, la filosofía de la liberación, la teología de la liberación, las teorías de la dependencia, los estudios poscoloniales, los estudios subalternos, los estudios culturales, la pedagogía de la liberación, el feminismo indígena, la filosofía afro-caribeña, el marxismo, el posestructuralismo (Restrepo, 2010)

Aparecido en la década del 2000 en Universidades de Estados Unidos (Universidad de Duke, Universidad de Berkeley) como en América Latina (Universidad Andina Simón Bolívar), sus planteamientos han sido capaces de despertar el interés de cientos de investigadores y académicos, que ante la crisis del marxismo, tanto a nivel político como epistémico, luego de la caída de la Unión Soviética, han encontrado en la idea de decolonialidad una forma de pensar de manera situada a los distintos procesos de dominio existentes en la región.

Es así como el llamado Grupo Modernidad Colonialidad ha sido un referente en seminarios[30], congresos, encuentros, conversatorios y revistas de filosofía y ciencias sociales, en los cuales nociones como patrón de poder global, transmodernidad, paradigma otro, pensamiento fronterizo, racismo epistémico, sistema mundo moderno/colonial, hibris del punto cero, diferencia colonial, diferencia imperial, ergo-corpo-geo políticas del conocimiento, norte global, sur global, zona del ser/no ser, han sido usadas en variadas tesis de posgrado, libros y artículos académicos.

Asimismo, sus planteamientos tienen como fuente los planteamientos anticoloniales de autores como Frantz Fanon, CRL James, Aimé Cesaire, Pablo González Casanova, José Carlos Mariátegui, Rodolfo Kusch, Fausto Reinaga, Silvia Rivera Cusicanqui, W.E.B. Dubois, Esteban Ticona, Sylvia Wynter, Ali Shariati, entre otras y otros. Así como también se han nutrido de las luchas de múltiples movimientos indígenas de la región, como es el caso de organizaciones provenientes del mundo mapuche, aymara, guaraní, coya, quechua, nasa, wayuu, entre otros, los cuales junto al zapatismo de Chiapas, son vistos como verdaderos faros en lo que refiere a proceso de descolonización.

---

[30] Nos referimos al grupo confirmado por Aníbal Quijano, Arturo Escobar, Enrique Dussel, Walter Mignolo, María Lugones, Zulma Palermo, Ramón Grosfoguel, Edgardo Lander, Catherine Walsh, Nelson Maldonado-Torres, Santiago Castro-Gómez.

Su tesis central es una fuerte crítica al eurocentrismo a través de la idea de colonialidad, acuñada en 1991 por Aníbal Quijano, la cual va mucho más allá de la de colonialismo, entendiendo este último concepto como una experiencia de ocupación territorial y/o control político de parte de una potencia extranjera sobre otro grupo humano. La idea de colonialidad apela por tanto al control de todas las formas de la existencia humana y no humana. Es decir, la colonialidad se entrelaza a través de una colonialidad del poder (político, económico-militar), una colonialidad del ser (ontológica) y una colonialidad del saber (epistemológica).

En consecuencia, el giro decolonial apuesta por desligarse del proyecto de la modernidad, por tener a la colonialidad como su cara oculta, así como por cuestionar una idea de universalidad del conocimiento impuesta por occidente, la cual ha sido sostenida no solo por las grandes ideologías modernas (conservadurismo, liberalismo, socialismo) sino también por la filosofía y los canon de pensamiento de las disciplinas de las llamadas ciencias sociales (sociología, antropología, ciencia política, psicología).

Por lo mismo, el giro decolonial lo que propone es descolonizar todos los ámbitos de la vida y al Estado moderno mismo, por ser el principal instrumento de control de occidente (sistema económico, alimentario, educacional, salud, jurídico, vivienda, seguridad), para dar posibilidad así a una transformación que tome en consideración a otros conocimientos, provenientes de epistemologías indígenas de la región.

De ahí que el giro decolonial también realice un fuerte cuestionamiento al pensamiento crítico occidental proveniente del marxismo y feminismo por su carácter eurocéntrico. Es así como nociones como clase y género se cuestionen, por ser herederas de un proyecto moderno que oculta su colonialidad, al poner a la clase obrera europea y a la mujer blanca en el centro y en la vanguardia de las luchas por la liberación. Asimismo, se les cuestiona por invisibilizar los procesos de racialización a hombres y mujeres negras, indígenas, campesinas, alejadas de los centros de poder urbanos del llamado primer mundo. El capitalismo y el patriarcado por ende se problematizan desde el giro decolonial por miradas provenientes desde el sur global.

Sin embargo, a pesar del aporte del giro decolonial, en tanto crítica al eurocentrismo, ha sido fuertemente criticado por su carácter academicista y endogámico, al presentar su crítica como una novedad en la región (Zapata, 2018), negando así el potencial teórico del pensamiento anticolonial latinoamericano histórico, el cual viene cuestionando lo mismo por décadas, a través de la noción de colonialismo interno.

De ahí que las críticas planteadas por Silvia Rivera Cusicanqui, señalen explícitamente un colonialismo intelectual de parte de los principales referentes del giro decolonial quienes se han apropiado del potencial epistemológico del pensamiento indígena y afro para la descolonización, pero han invisibilizado una práctica descolonizadora que esté situada a los territorios, al poner su centro en un nuevo fetichismo teórico (Rivera Cusicanqui, 2010).

Es por eso que la crítica al eurocentrismo, focalizada en lo teórico principalmente, a través de la idea de racismo epistémico, sea una crítica que omite otros procesos previos a 1492, igualmente de estructurante, como lo son el antropocentrismo, androcentrismo, adultocentrismo y cuerdocentrismo, los cuales se han configurado históricamente con las grandes civilizaciones (no solo la occidental), a través del Estado, la familia y la propiedad privada.

No es casualidad, por tanto, que el extractivismo, entendido proceso colonial de apropiación de los cuerpos y territorios, iniciado desde la conquista hasta la actualidad, sea quizás el punto de quiebre de los principales referentes del llamado Grupo Modernidad Colonialidad, en donde algunos hayan tomado posiciones políticas territorializadas y otros desterritorializadas, profundizando estos últimos un fetichismo teórico, funcional a los Estados.

Unas miradas desterritorializadas del giro decolonial, que han asumido buena parte de sus referentes, en donde la crítica está puesta en una descolonización puramente conceptual, alejada completamente de las luchas por la defensa de los territorios en todo América Latina, como lo puede ser contra la megaminería, el agroegocio, la salmocultura, las inmobiliarias, el fracking, entre otros.

En estas posiciones, el uso de la noción de decolonialidad, está centrado en visibilizar el proceso de pérdida de poderío de occidente, particularmente de su centro en Estados Unido, ante la arremetida civilizatoria de China, como si la descolonización pasara simplemente por un cambio de una hegemonía por otra. Es decir, como si el eurocentrismo que se critica no estuviera entrelazado desde su origen con el extractivismo.

Los casos de Enrique Dussel y de Ramón Grosfoguel, quizás sean los más llamativos de este proceso de desterritorialización de lo decolonial, en donde ambos han asumido posturas políticas muy cercanas a las izquierdas tradicionales, al subordinar sus marcos conceptuales a lógicas estadocéntricas de ciertos gobiernos regionales progresistas[31], en donde el despojo de bienes comunes como el agua, el aire y la tierra se han visto en peligro de igual manera como en los gobiernos conservadores.

Una situación evidenciada con el apoyo acrítico de estos dos autores decoloniales a los llamados nuevos constitucionalismos

---

[31] Un apoyo que se vio materializado políticamente con el anuncio de Nicolás Maduro de la creación el Instituto Nacional para la Descolonización el año 2018, como consecuencia de la III Escuela de Pensamiento crítico Descolonial en Venezuela, en la cual ambos han sido sus principales referentes del llamado giro decolonial.

suramericanos (Bolivia, Ecuador y Venezuela), luego de importantes procesos políticos, los cuales si bien democratizaron fuertemente aquellos países, la aparición posterior de caudillismos, clientelismos, machismo y represión, al servicio del extractivismo minero, petrolero y energético, se profundizó.

De ahí, que si bien en aquellos países se obtuvieron derechos fundamentales, que pueden ser vistos como verdaderos giros civilizatorios (Derechos de la Naturaleza, Ley de la Madre Tierra, Estado Plurinacional, Estado Comunal, Suma Kawsay, Suma Qamaña), en la práctica han caído en un fetichismo jurídico que ha servido más que nada para llevar esas experiencias a seminarios, foros y encuentros de activistas e intelectuales de izquierda (Foro de Sao Paulo).

Ante esto, los planteamientos decoloniales de aquellos autores, en especial de parte de Ramón Grosfoguel, han sido usados para denostar a cualquier crítica que se haga a aquellos procesos, por hacerles supuestamente el juego a la derecha mundial y al imperialismo estadounidense, cuando justamente lo que se trata es de pensar nuevas formas de vida, alternativas a los lógicas autoritarias de los Estados.

Asimismo, resulta llamativo que una persona que se dice decolonial, como Grosfoguel, siga usando categorías coloniales en su discurso, como lo es la dicotomía izquierda-derecha, omitiendo abiertamente el origen colonial de aquella dualidad (Revolución Francesa). Al igual que su propio uso de la noción de imperialismo, heredera del propio stalinismo, en contexto de guerra fría, al reducir lo imperial a las acciones militares de Estados Unidos.

En otras palabras, la crítica al eurocentrismo de parte de este autor decolonial se reduce a una mirada crítica formal de ciertas categorías de análisis, pero que encubre desterritorializadamente la violencia de los procesos políticos autoritarios progresistas y de izquierda, los cuales están insertos más bien en una imperialidad del poder, en donde China está cumpliendo un rol cada vez más importante en la disputa por el control político y económico del mundo.

Un rol de China, no problematizado críticamente por autores como Grosfoguel y Dussel, quienes parecieran celebrar más bien su nuevo poderío frente a Estados Unidos, a pesar de que no es más que la continuidad de un proceso de conquista de la Madre Tierra que precede a la colonización de Abya Yala de 1492, al estar dentro de un marco de tiempo de miles de años atrás, que como se vio anteriormente, está ligado a dominios de poder mucho más amplios.

En consecuencia, el escocido imperante en América Latina, como es el caso de un territorio de vida como la Amazonía por ejemplo, no puede reducirse a lo realizado por occidente en los últimos 500 años de existencia, ya que está cada vez más hegemonizado por China y las grandes corporaciones mundiales, las cuales solo les interesa mercantilizar la vida.

De ahí lo perjudicial para el pensamiento crítico, la existencia de estas miradas dogmáticas decoloniales, en donde el academicismo y la burocratización del conocimiento, al servicio de ciertos gobiernos progresistas de la región, solo empobrecen y niegan la discusión sobre nuevas alternativas desde y para las comunidades y territorios desde abajo.

Sin embargo, a pesar de ello, también han habido miradas territorializadas provenientes del llamado giro decolonial, que han articulado la crítica al eurocentrismo con el extractivismo. Los casos de Arturo Escobar y de Edgardo Lander, son dos ejemplos de cómo entender la crisis civilizatoria actual, desde lo planteado por distintas miradas, experiencias y comunidades que están resistiendo a los distintos proyectos extractivos y al terricidio imperante.

En ambos casos, se puede ver como sus miradas entrelazan lo decolonial con la ecología política latinoamericana, feminismo territoriales, el decrecimiento, la agroecología, el giro ontológico, la permacultura, y no solo con el pensamiento anticolonial de autores como Frantz Fanon, Aimé Cesaire, José Carlos Mariátegui, Rodolfo Kusch, Fausto Reinaga, Silvia Rivera Cusicanqui, Sylvia Wynter, entre otras y otros, ya que la crítica incorpora la idea de un horizonte post-extractivista.

De ahí que sus miradas apunten más bien a un giro ecoterritorial más que decolonial propiamente tal, como bien han planteado autores como Maristella Svampa, Alberto Acosta, Francisca Fernández Droguett, Eduardo Gudynas, Raquel Gutiérrez, María Galindo, Carlos Walter Porto Gonzalvez, Raúl Zibechi, Emiliano Terán Mantovani, Atawallpa Oviedo Freire, Ángel Quintero Weir, Pablo Solón, entre otras y otros, quienes han sido muy críticos de los progresismos latinoamericanos, justamente por su carácter extractivista y profundización de la militarización de los territorios[32].

Un giro ecoterritorial que no hace otra cosa que dejar en evidencia cómo aquellos gobiernos progresistas, a través de proyectos extractivos en el Arco Minero del Orinoco en Venezuela, en el Tipnis en Bolivia y el Yasuní en Ecuador por ejemplo, no fueron capaces de descolonizar nociones coloniales como desarrollo, progreso y una idea de crecimiento económico sin fin, que no ha hecho otra cosa que perpetuar a nuestros países a ser meros exportadores de Naturaleza, dentro de un sistema mundo capitalista, marcado por las relaciones desiguales históricas Norte-Sur por el llamado Consenso de los Commodites, como plantea Maristella Svampa, en donde China ha tenido un protagonismo sin precedentes en la región.

---

[32] El rol que ha cumplido la Fundación Rosa Luxemburgo por ejemplo, en tanto alternativas al desarrollo, ha posibilitado una articulación del pensamiento crítico latinoamericano.

Frente a esto que Edgardo Lander plantee una crítica a como estos nuevos progresismos siguen anclados a lógicas binarias de la posguerra, la cual al poner su centro en una geopolítica de la guerra, ignora los múltiples conflictos socioambientales existentes en los territorios de vida de la región. Esto sumado a que estos progresismos, al igual que las izquierdas del Siglo XX, han focalizado sus cuestionamientos desde una mirada productivista, a las relaciones de explotación de clase, por sobre otros dominios referidos al patriarcado, racismo, antropocentrismo, generando una mirada que terminó por profundizar el colonialismo imperante.

Lo que es complementado por la crítica de Arturo Escobar, sobre la apropiación de estos gobiernos progresistas de nociones como Buen Vivir y Plurinacionalidad, mientras han vacíado sus significados a través de sus prácticas desarrollistas y extractivistas, enriqueciendo de esa forma su mirada decolonial, desde lo planteado por autores como Svampa, Zibechi, Acosta y Gudynas (Escobar, 2016) .

En consecuencia, en ambos casos, tanto en Edgardo Lander como en Arturo Escobar, a diferencia de Ramón Grosfoguel y Enrique Dussel, hay un intento de situar lo decolonial a los territorios y a las comunidades organizadas en contra del extractivismo imperante, rechazando así su uso académico y partidista al respecto. Por eso, que lo decolonial si tiene pretensiones de ser pensamiento crítico, debe ser un herramienta teórica y política que tome en serio a las distintas alternativas existentes, más allá de los Estados, sino terminará siendo un concepto conservador.

El pluriverso en tiempos de pandemia

Nos encontramos en un momento inédito de lo que conocemos como humanidad, marcado por una crisis socioecológica a escala global, que con la irrupción del Covid-19, nos deja en evidencia un proceso histórico de conquista de la Madre Tierra, en donde la emergencia sociosanitaria actual solo es parte de un entramado de distintos dominios de poder mucho más amplios, en donde a través del nacimiento de las grandes civilizaciones, se generaron las bases que están poniendo en riesgo las condiciones mínimas de vida en el planeta.

De ahí que las miradas sanitarias modernas, que buscan una explicación biomédica a lo que está ocurriendo actualmente con la pandemia, centradas en la enfermedad y funcionales a las políticas del control desde los distintos gobiernos, en una guerra declarada contra este nuevo virus, más que empobrecer la discusión lo que hacen finalmente es reforzar ese proceso de conquista iniciado hace miles de años.

Un proceso pandémico, el cual está conectado precisamente con la conquista de la Madre Tierra, a través de sus bases patriarcales, coloniales e industriales, en donde con la colonización de hábitats naturales y la urbanización del mundo, por intermedio de la construcción de grandes ciudades con alta densidad poblacional, no hecho otra cosa que generar las condiciones perfectas para el contagio y el colapso sociosanitario.

Por eso que las causas estructurales de esta pandemia actual, no son otra cosa que la consecuencia de modelos insostenibles de vida, a través de la desforestación, el agronegocio y la mercantilización del planeta en general, lo que ha generado la liberación de nuevos patógenos, los cuales tienen sin saber que hacer a los gobernantes, al estar situados desde miradas que han fracasado históricamente.

Un proceso que ha sido invisibilizado por buena parte de los referentes del llamado giro decolonial, pero que en América Latina y el mundo ha sido discutido por personas como Silvia Ribeiro, Darío Aranda, Rob Wallace, Enrique Leff, Philippe Descola, Bruno Latour, Serge Latouche, Jane Goodall, Horacio Machado, Jorge Riechmann, Silvia Federici, Vandana Shiva,

Francisco Javier Velasco. Enrique Viale, Donna Haraway, Nazareth Castro, Isabelle Stengers, Yayo Herrero, Joan Martínez Alier, Soledad Barruti, Leonardo Rossi, entre otras y otros.

Frente a este escenario de crisis sociosanitaria y civilizatoria, que la noción de pluriverso, pensada desde la idea zapatista sobre "Un mundo en donde quepan mucho mundos", debiera ser no solo un horizonte a seguir por los distintos colectivos planetarios, sino una herramienta de cooperación y articulación de mundos de vida alternativos al existente a nivel global.

Para eso, que esta nueva liberación de patógenos, puede ser vista no solo como una señal de que esta civilización está muriendo sino también como una oportunidad para repensarnos como seres vivos, después de siglos de colonización de la Madre Tierra, y así expandir el pluriverso de mundos, desde lo planteado por feminismos territoriales, agroecología, permacultura, software libre, buenos vivires, ubuntu, agaciro, agdales, amor queer, biocivilización, ecoanarquismo, ecoaldeas, plurinacionalidad, derechos de la naturaleza, sumud, hurai, kyisei y tantas otras expresiones de lucha y de esperanza, sintetizadas en el libro Pluriverso: Un diccionario del posdesarrollo (2019)[33].

Miradas y experiencias pluriversales que buscan ser una real alternativa y no meras recetas continuadoras de la crisis actual, como lo son las propuestas desde los grandes organismos internacionales regionales y mundiales (Banco Mundial, Fondo Monetario Internacional, UNICEF, OMS, OCDE, Unasur, Mercosur, Celac, Unesco, Cepal, Banco de China, FAO), todos

---

[33] Un libro que fuera coordinado por Ashish Kothari, Ariel Salleh, Federico Demaría, Alberto Acosta y el mismo Arturo Escobar, el cual rescata distintas alternativas al desarrollo, desde África Asia, Europa, América del Norte y América Central y del Sur. Asimismo, si bien Edgardo Lander no participó con algún artículo, si comentó la importancia del libro.

herederos del desarrollismo y del despojo territorial, a través de ideas como cooperación internacional, ayuda al desarrollo, BRICS, ciudad inteligente, desarrollo sostenible, ecomodernismo, economía verde, geoingeniería, transhumanismo, gobernanza, green new deal, entre muchas otras.

Por lo mismo, desde la región y mucho más allá de una crítica al eurocentrismo existente, como ha planteado principalmente el giro decolonial, se hace muy destacable la iniciativa regional denominada "Por un pacto social, ecológico, económico e intercultural en América Latina" (2020) [34],enmarcada en este pluriverso y esta emergencia sociosanitaria actual, la cual lo que hace es poner en el centro de la discusión el cuidado de la vida a través de los siguientes puntos: Transformación Tributaria Solidaria, Anulación de la Deudas Externa de los Estados, Creación de Sistemas Nacionales y Locales de Cuidado, Renta Básica Universal, Priorizar la Soberanía Alimentaria, Construcción de Economías y Sociedades posextractivistas, Recuperar y Fortalecer Espacios de Información y Comunicación desde la Sociedad, Autonomía y Sostenibilidad de las Sociedades Locales, y Por una Integración Regional y Mundial Soberana.

Distintos puntos convergentes, que buscan construir imaginarios colectivos que articulen la justicia social con la justicia ambiental de manera horizontal, en donde en el caso de la Soberanía Alimentaria, por ejemplo, no solo se busque generar políticas de redistribución de tierras, ante la fuerte concentración existente, sino darle prioridad a la agroecología como manera de relación sostenible con la Madre Tierra.

---

[34] Pacto que cuenta con las presencia de múltiples organizaciones de la región y personas comprometidas con el cuidado de la vida en América Latina, de los cuales dentro de los referentes de giro decolonial, se puede ver nuevamente la presencia de Arturo Escobar y Edgardo Lander, a diferencia del resto que no se han sumado a esta iniciativa.

Es decir, fortalecer los mercados locales y las redes de distribución de semillas, que permitan generar alimentos saludables y contrarios a la lógica agroindustrial, dominada por el negocio de la carne. De ahí que la agroecología fomente el diálogo intercultural, de manera crítica a los poderes existentes, para rescatar la memoria de distintos pueblos en la historia por miles de años, en relación a como han producidos sus alimentos.

Por eso, que la agroecología es la mejor alternativa frente a la agroindustria actual, ya que es capaz de entrelazar saberes provenientes de las llamadas ciencias naturales y ciencias sociales, rompiendo así con la dicotomía cultura-naturaleza. De ahí que conciba al mundo desde una mirada socioecológica, en donde las desigualdades sociales como ambientales sean parte del mismo entramado.

Asimismo, la agroecología es el resultado de vínculos con movimientos sociales y organizaciones campesinas, indígenas, de mujeres y trabajadores rurales sin tierra, los cuales conciben la alimentación autónomamente, situada a los territorios y no como algo externo a ellos, como el negocio de la alimentación nos ha querido hacer creer con sus productos provenientes de distintos lugares del mundo, sin importarle en lo más mínimo la huella ecológica generada.

Por último, en lo que respecta a la construcción de horizontes posextractivistas, para el rescate de la diversidad socioambiental del mundo, se hace necesario una transición socioecológica, que vaya progresivamente reduciendo la dependencia de los mal llamados recursos energéticos (petróleo, gas, carbón) como también de la eliminación de la megaminería (cobre, oro, plata, litio), la desforestación y los monocultivos (soja, maíz, pino, eucalipto, palta, plátano, caña de azúcar), para dar paso a sistemas energéticos renovables y desmercantilizados, a través de policultivos y una nueva pos-economía, en donde el centro sea una ética del cuidado.

Reflexión final

A modo de reflexión final de lo que se ha planteado anteriormente, podemos señalar que luego de hacer una revisión de las bases androcéntricas, antropocéntricas, adultocentricas y cuerdocéntricas de las grandes civilizaciones, que nos permitió entender el origen de un proceso de colonización de la Madre Tierra, el cual desde la conquista de Abya Yala y la imposición de un nuevo dominio eurocéntrico, posibilitó su desarrollo a escala global.

Es así como la emergencia del giro docolonial, si bien ha sido importante en lo que respecta a mostrar la cara oculta de la modernidad, buena parte de los referentes del Grupo Modernidad-Colonialidad han descuidado un proceso de conquista que se viene gestando hace miles de años y no meramente desde 1492.

Asimismo, este proceso ha sido acompañado de una fuerte profundización del extractivismo, el cual ha sido invisibilizado por buena parte de sus referentes, como es el caso de Enrique Dussel y Ramón Grosfoguel, quienes se han subordinado finalmente a los llamados gobiernos progresistas de la región, a través de un discurso anti-imperialista desterritorializado, el cual no hace otra cosa que reforzar el colonialismo que ellos mismos dicen cuestionar, al tener una mirada acrítica del rol de China en el sistema mundo capitalista global.

Por suerte, dentro de los referentes del giro decolonial han aparecido algunas voces críticas de ese extractivismo y del rol de China. Los casos de Arturo Escobar y de Edgardo Lander, son una muestra de miradas territorializadas y no desde lógicas estadocéntricas. No por nada en ambos casos, han estado presentes acompañando distintas luchas desde las comunidades contra la megaminería, el fracking, el agronegocio, el monocultivo, así como también colaborando en publicaciones como Pluriverso: Un Diccionario del Posdesarollo como en el Pacto social, ecológico, económico e intercultural en América Latina, en conjunto con una diversidad de miradas críticas y experiencias alternativas.

Frente a esta situación, que lo decolonial no solo hace un mirada insuficiente sino también contraproducente, ya que no es capaz de integrar una crítica que vaya más allá del proceso de conquista de Abya Yala de hace 500 año atrás, sino también porque no es capaz que entrelazar el pensamiento anticolonial con otras miradas crítica de otros dominios de poder (androcentrismo, adultocentrismo, cuerdismo, antropocentrismo), como lo pueden ser feminismo territoriales, antipsiquiatría, desescolarización, software libre, entre otras.

Por último, el desafío que se nos viene en un nuevo contexto de pospandemia es clave para entrelazar todas estas miradas y alternativas. Pero también hacer frente a la aparición de un eventual nuevo Leviathan Sanitario, el cual al centrarse en distintas medidas de control de la población para frenar la enfermedad (confinamiento obligatorio, toques de queda, cierre de fronteras), en vez de replantear la forma como hemos estado viviendo por miles de años, sea una amenaza para la soberanía de los pueblos y para su autodeterminación, por fuera de los Estados.

La necesidad por tanto de interconectar alternativas que provengan desde una ética del cuidado y que busquen mostrarnos horizontes distintos al hegemónico, debiera movilizarnos no solo para construir una nueva sociedad, como las distintas izquierda tradicionalmente lo han planteado, sino para ver el mundo desde muchos mundos de vida, los cuales han querido ser borrados de nuestra memoria como seres humanos, y que han sido mucho más ricas y diversas de lo que nos han querido mostrar los distintos poderes existentes.

Boff, Leonardo. "EI Cristo Cósmico: La Superación del Antropocentrismo." Numen 2.1 1999.

Crutzen, Paul. and Eugene Stoermer. "The Anthropocene". *IGBP Global Change Newsletter*, 2000.

Descola, Philippe, and Horacio Pons. "Más allá de naturaleza y cultura". Buenos Aires: Amorrortu, 2012.

Duarte, Klaudio. "Genealogía del adultocentrismo. La constitución de un patriarcado adultocéntrico." Juventudes en chile, 2016

Harari, Yuval Noah. Sapiens. "De animales a dioses: Una breve historia de la humanidad". Debate, 2014.

Kothari, Ashish, Salleh, Ariel; Escobar, Arturo; Demaría, Francisco; Acosta, Alberto. "Pluriverso: un diccionario del posdesarrollo". Icaria, 2019.

Lander, Edgardo. "Crisis civilizatoria: Experiencias de los gobiernos progresistas y debates en la izquierda latinoamericana". transcript Verlag, 2020.

Latour, Bruno. "Reensamblar lo social. Una introducción a la teoría del actor-red". No. 302.3 L3. 2008.

LasCanta, LaDanta. "El Faloceno: Redefinir el Antropoceno desde una mirada ecofeminista." Ecología Política 53, 2017

Lerner, Gerda, and Mònica Tusell. "La creación del patriarcado". Barcelona: Crítica, 1990

Maturana, Humberto, and Gerda Verden-Zöller. "Amor y juego: fundamentos olvidados de lo humano, desde el patriarcado a la democracia". JC Sáez Editor, 2003.

Mompó, Enric. "Antropocentrismo y Modernidad", Rebelion.org. 2008

Manifiesto "Por un pacto social, ecológico, económico e intercultural en América Latina", 2020. Disponible online: https://pactoecosocialdelsur.com/

Peña, Marta Cintas." La desigualdad de género en la prehistoria ibérica: Una aproximación multi-variable". Diss. Universidad de Sevilla, 2018.

Quijano, Aníbal. "Colonialidad y racionalidad/modernidad." Perú Indígena 29 (1991): 11-29.

Rivera Cusicanqui, Silvia. Ch'ixinakax utxiwa. Una refexión sobre prácticas y discursos descolonizadores. Buenos Aires: Editorial Tinta Limón, 2010.

Scott, James C. "Against the grain: a deep history of the earliest states". Yale University Press, 2017.

Restrepo, Eduardo, and Axel Rojas. "Inflexión decolonial: fuentes, categorías y cuestionamientos". Popayán: Editorial Universidad del Cauca, 2010.

Svampa, Maristella. "Consenso de los commodities, giro ecoterritorial y pensamiento crítico en América Latina". osal. 2012

Svampa, M., Gudynas, E., Machado, D., Acosta, A., Cajas Guijarro, J., Ugarteche, Ó., & Escobar, A. Rescatar la esperanza: Más allá del neoliberalismo y del progresismo. Barcelona: Entrepueblos/Entrepobles/Entrepobos/Herriarte, 2016

Tasca, Cecilia, et al. "Women and hysteria in the history of mental health." Clinical practice and epidemiology in mental health: CP & EMH 8, 2012

Zapata, Claudia. El giro decolonial. Consideraciones críticas desde América Latina. Pléyade (Santiago), 2018, no 21, p. 49-71.

Hacer*topía*: la vuelta al Nosotros

José Ángel Quintero Weir

A la comunidad de aprendizaje El Agua nos Une

Entonces el piache le dijo:
"Este Yolujá sólo es fuerte por la fuerza que tú mismo le das.
Para desaparecerlo, sólo tienes que borrarlo de tus ojos"
Un cuento de brujos (se está escribiendo).

I.- Del giro del mundo y la vuelta de *Otro* tiempo.

De esto siempre han hablado los más ancianos y ancianas en muchos de nuestros pueblos. Pero, yo recuerdo que una vez en la laguna, le pregunté o le propuse a Isabelita, por qué no hacíamos una reunión de todas las ancianas que hablaban el añunnükü a la que pudieran asistir todos los más jóvenes para que pudieran escuchar todas esas historias que en la lengua ellas conocían y que bien me contaban; pero ella me miró con su rostro arrugado y la vista como atravesándome, con cierta tristeza en su voz pero con tono definitivo, me dijo:
"Es seguro que ya nuestro tiempo se acabó Chapürai (que así me llamaba Isabelita). Al tiempo de nosotros los viejos de antes ya no es posible regresar, no nosotros. Nosotros ya no podemos dar vuelta, pero el tiempo sí, sólo que cuando le toque la vuelta, ya nosotros no vamos a estar. Pero vos sí".

Eso me dijo Isabelita por allá, a comienzos de 1980. Aunque, siendo sinceros, cuando me lo dijo no tuve la menor idea acerca de lo que ella se refería con eso de la vuelta del tiempo, por lo que nunca se me ocurrió pedirle explicación. Tiempo luego Isabelita murió. Pero, ya de antes había muerto Trina Rosa. A Isabelita le siguió el Tío Alberto. Un día llegué a la laguna y me encontré que ya Guardina y Capajana tampoco estaban, pues, a su palafito le había caído una centella en medio de una tormenta y lo había chamuscado el incendio, y ya luego ellos tuvieron que irse a vivir donde uno de sus hijos por allá, por Santa Rita, al otro lado del lago donde posteriormente me dicen que murieron.
Finalmente, murió María Sierra, después Josefita, y luego de su muerte, Lala, su hija, igual se fue de la Laguna. Así que tal y como me lo había querido anunciar Isabelita, a todas las abuelas y abuelos en la Laguna les había alcanzado definitivamente el tiempo: todos murieron próximos o ya pasados los cien años de edad, por lo que ciertamente, la lucha que yo les había pedido dar, la vuelta a la lengua, en la que yo esperaba me pudieran acompañar, en ese momento, muy lejos estaba ya de sus fuerzas. Pasaron veinte años. Durante ese tiempo, a pesar de mantener el compromiso de volcar en papel todo lo que las abuelas y abuelos añuu me habían entregado, sabía que en el mundo en el que vivíamos no éramos más que unos proscritos, mucho más los añuu, de quienes la idea generalizada era la de una cultura en extinción, o un pueblo al que muchos daban por muerto. Contra eso me enfrentaba y luchaba, pero bien dentro de mi corazón sabía que no era muy difícil concordar con esa idea, pues yo había visto desaparecer a las últimas abuelas y abuelos que aún *cortaban lengua* en sus conversaciones o me cantaban las más antiguas historias que aún guardaban, casi como secretas, en su gastada memoria.

Por ese tiempo, llegué a pensar que el asunto y su solución, estaba fuera de nosotros, por eso, todo dependía de nuestra capacidad para incorporarnos a una fuerza más grande, a un movimiento superior con el cual avanzar hasta alcanzar ese otro mundo donde no fuéramos tachados, despreciados, uno donde ser pescador no fuera sinónimo de pobre, donde vivir en un palafito de mangle y eneas mereciera el respeto de no ser convertido en una fotografía con nuestros rostros para ser vendida a los turistas extranjeros, que ser añuu, wayuu, barí o yukpa significara sencillamente lo que es: "ser humano", pertenecer a una comunidad que sólo aspira a vivir en términos de su cosmovisión y cosmovivencia en sus territorios.

Tal vez por eso fue que la palabra "liberación", usada por muchos de esos movimientos nos pareció justa a nuestras aspiraciones y luchas, y entonces fue que le entramos al camino de la política, a tejernos con otros hilos muy a pesar de las diferencias, y aún de no llegar a entender muchas veces sus teorías; que si marxismo-leninismo, que si trostkismo, que si maoísmo, que si guevarismo, en fin, era siempre la palabra de algún alemán, ruso, chino, o blanco criollo la que iba por delante o puesta sobre la mesa como voz y alimento para nuestra "salvación", nuestra "liberación". Nunca nuestra palabra entraba a debate en esos círculos políticos; porque a fin de cuentas, igual en ellos estaban convencidos que nuestra palabra sólo habla desde el pasado, es decir, no expresa ni representa ningún "futuro".

Pero, sin darnos cuenta al principio, el mundo ciertamente parecía estar dando un nuevo giro, de eso nos aseguramos luego, sobre todo, porque lo comenzamos a sentir en nuestros cuerpos, en la violencia represiva y acrecentada de los poderosos, en la invasión desatada de nuestros territorios por corporaciones apoyadas por los Estados; pero también, en el levantamiento de los pobres de las ciudades, en el hambre de comida y de justicia de todos los de abajo, en todas partes. Entonces escuchamos de las revueltas en Ecuador, de las grandes marchas por la Dignidad y el Territorio, o la batalla por el agua en Cochabamba y finalmente, del levantamiento de los indígenas mayas zapatistas de Chiapas en 1995.

Creo que fue entonces cuando volvió a mí el recuerdo de la abuela Isabelita, y comencé a pensar de nuevo en sus palabras, porque sentía que justo como ella decía, una vuelta del tiempo parecía estar por venir. Porque luego me dediqué a buscar en la lengua añuu la explicación de eso que llamamos "tiempo" y comprendo que nada tiene que ver con un futuro de largo plazo, nada que no fuera o estuviera unido a un pasado y a un lugar del territorio, aunque sólo fuera por un tantito inmediato en un pedacito de lugar. Entonces, entendí que tal vez por eso nunca nos fue posible entender eso del "hombre nuevo" que tendría lugar sólo en la "sociedad comunista" que estaba mucho más allá de nuestra visión, muy por detrás de la "sociedad socialista" también lejana en el futuro; porque igual veíamos que parejo con el capitalismo, se trataba de un camino al que nunca se le veía llegada porque igual iba siempre tan hacia adelante hasta perderse de vista, tanto, que no era posible ni siquiera imaginarlo porque, además, era incapaz de dar la vuelta, de estacionarse en nuestro hacer, tal como decía Isabelita que sucedía y ciertamente sucede; por eso, ella bien sabía que esa vuelta del tiempo llegaría no como futuro, sino como viejo-nuevo giro del mundo.

Por eso, cuando en medio de la crisis de nuestros países comenzaron a llegar los gobiernos "progresistas", particularmente con la victoria electoral de Hugo Chávez, que a todos contentó porque sentían que al fin había llegado el tiempo de los pueblos, algo nos decía que tal no era sino el comienzo del giro del mundo pero que aún nuestro tiempo no había llegado. No celebramos, por el contrario, siempre señalamos que nuestro verdadero tiempo estaría vinculado al corazón del Nosotros o no lo sería; eso, por supuesto no nos hizo ganar amigos, por la contra, pero igual insistimos en denunciar que esa fiesta (que ya luego se convirtió en bacanal de desperdicio), la terminaríamos por pagar nosotros con nuestra carne y nuestra sangre. Nadie nos creyó.

Casi como traidores a la patria salimos a México, a escuchar de cerca la palabra de aquellos que se atrevían a decir: ¡Ya basta! ¡No queremos su poder! ¡Queremos ser indios! Esas, o en frases como esas, si sentía yo que escuchaba la voz de Isabelita, y lo que ella dijo sobre que "…cuando le toque la vuelta (al tiempo), ya nosotros no vamos a estar. Pero vos sí". Entonces, de puro corazón, he intentado seguir la huella de las palabras zapatistas porque algo me dice que ellos si están en ese otro tiempo, el del Nosotros.

II.- El tiempo del "Progresismo" y la estrategia corporativa de nuestra disolución.

Veinte años más han pasado desde que Isabelita me hablara de la vuelta del tiempo y del tiempo de Nosotros. Durante ese periodo, falsas esperanzas crecieron en muchos corazones en todo el continente. No era para menos, pues, además de Chávez, quien gesticulaba su "revolución bolivariana" y el "socialismo del Siglo XXI" que, como los Beatles, parecía anunciar la caída de un reino (diría el poeta Valera Mora), sobre todo, porque del otro lado de nuestra frontera sur, un líder obrero tomaba el gobierno del país más grande de todo el continente: Lula Da Silva se hacía presidente del Brasil. Por si fuera poco, en la Argentina, luego del masivo grito de ¡Que se vayan todos! Y del movimiento piquetero, Néstor Kichner asumía el gobierno desde "la izquierda", al tiempo que Rafael Correa hacía lo propio en el Ecuador con su "revolución ciudadana", y hasta en el siempre extraño Paraguay un ex Obispo llegaba a la presidencia. Pero la guinda del pastel de lo que parecía anunciar la felicidad plena, Evo Morales se erigía como el primer presidente "indígena" de Bolivia.

De esta manera, si contamos con que ya en Chile, mediante el pacto post-dictadura, alternadamente gobernaba el Partido Socialista, sólo Colombia aparecía aferrada (atrapada) por la garras del conservadurismo uribista, en un contexto en el que "nuevas" fuerzas políticas sustituían a los ya acabados partidos tradicionales en el poder de los Estados-gobiernos en casi toda Suramérica. Así, no era para menos que buena parte de eso que llaman "pensamiento crítico" latinoamericano llegara a pensar que un nuevo tiempo parecía haber llegado, que la liberación estaba justo en la punta de sus olfatos, sólo que su aroma fue tan extraño y efímero, como bien pudiera ser el de un perfume cosmético chino o ruso: nadie sabe en verdad a qué huele.

Un aluvión de trabajos y escritos provenientes de ese "pensamiento crítico" y reconocidos pensadores del llamado grupo (o grupos) del "pensamiento decolonial" se desvivían por demostrar, cada quien con mayor o menor intensidad y pasión, con mayor o menor argumentación, las posibilidades de victoria del "proyecto" de "la izquierda" latinoamericana y mundial, en medio de la oportunidad abierta en Suramérica que parecía hacer renacer la Guerra Fría, ahora justo en el "patio trasero" del imperialismo norteamericano, pero esta vez con la intervención protagónica de China y casi todo un continente transitando el camino señalado por gobiernos "progresistas" o de "izquierda".
Esta orientación de los sesudos análisis, terminaron por instalar la falsa premisa de que el tiempo de la revolución continental había al fin llegado; por tanto, había que defender a costa de lo que fuera, las políticas de sustentación de los gobiernos "progresistas" lo que en cierto modo y a fin de cuentas, resultaban funcionales al verdadero proceso capitalista en ejecución, cual era, la corporativización territorial de los Estados nacionales así como la definitiva territorialización de las corporaciones en nuestros territorios lo que implica, de un lado, la disolución del Estado-nación y su conversión total como Estados corporativos, y por el otro, el definitivo despojo

territorial de nuestros pueblos de acuerdo al diseño de un reordenamiento territorial elaborado por los grandes factores de poder económico y político mundial, especialmente dirigido a la ocupación y explotación de los espacios de energía, biodiversidad, agua y minería en todo el continente (Amazonía, Orinoquia, Chocó colombiano, Corredor biológico mesoamericano, etc.).

Porque, de hecho, la corporativización de los Estados nacionales en América Latina se inicia a la par de la instauración de lo que se ha dado en llamar modelo neoliberal, siendo ambas, parte del mismo proceso de reinstauración de una nueva especie de sistema colonial en nuestro continente. Sin embargo, ya a fines de los años 80 la reacción de los pueblos ante este nuevo modelo fue de enorme contundencia, al punto que las fuerzas políticas tradicionales en retroceso junto al modelo desarrollista que encabezaron desde el gobierno de los Estados nacionales "benefactores", ya en proceso de disolución luego de más de 40 años de ensayo, no tenían capacidad de respuesta frente a demandas (Territorio, Dignidad) y formas de lucha que les resultaban desconocidas e incomprensibles. Es allí, pues, el momento y lugar en el que, en casi toda Suramérica, emergen nuevos liderazgos, muchos de ellos, provenientes de viejas luchas y organizaciones y movimientos sociales, sindicales e indígenas.

Queremos decir, que en el inicio de la vuelta del tiempo, una inevitable confluencia de tiempos se produce en todo el continente; así, el final del tiempo del modelo desarrollista impulsado desde los Estados nacionales bajo el modelo de "Estado benefactor" establecido como expresión del sistema-mundo-capitalista luego de la Segunda Guerra Mundial, entra en confluencia (y en contingencia) con el inicio del tiempo de imposición del sistema-mundo-capitalista corporativizado y su modelo económico neoliberal que exigía a los Estados nacionales aceptar su disolución para poder ingresar a ese otro nuevo tiempo: el de las corporaciones y, por supuesto, el de su corporativización en toda América Latina.

Pero, tal confluencia de tiempos, a pesar de la crisis económica y política que generaba, provocando la reactivación de viejas luchas y demandas de sectores sociales y pueblos considerados como históricamente vencidos, desaparecidos o ya "integrados"; no obstante, esa realidad evidente en modo alguno implicaba que se tratara de que al fin nuestro tiempo había llegado. No. Sin embargo, de inducir a creer esta falsa apreciación, orientando al movimiento indígena y popular en general por el camino de la lucha por la mera sustitución funcional de gobiernos que luego se dedicaron a encauzar cualquier posibilidad de un proceso de verdadera transformación hacia el riel de sus programas de asistencia social y de "contrainsurgencia" que terminaron por contribuir con el ajuste de nuestras luchas a los intereses de estabilización corporativa de los Estados y del sistema-mundo-capitalista corporativizado.

Fue de esta singular tarea de la que, en muy buena parte, se encargaron los llamados gobiernos progresistas y sus líderes como ejercicio de su propio tiempo, pues, para ellos y en la misma confluencia de la que hablamos, efectivamente, su tiempo de "poder" había llegado. En esta idea fueron sustentados y aupados por los análisis de muchos de los teóricos del llamando "pensamiento crítico", "decolonial" y en general, de la "izquierda" y otro grupo de oportunistas, quienes (digamos que de buena fe), vieron, por sólo mencionar un ejemplo, en el proceso de cambio constitucional que envolvió a casi todos nuestros países, la oportunidad de "cobrar" la deuda histórica con los pueblos, pero sin estimar o perdiendo de vista (pensemos que no intencionalmente), que tal proceso de cambio constitucional, desde la perspectiva de las corporaciones, estaba vinculada al proceso de reordenamiento territorial para la intervención de capitales en territorios donde nunca antes se habían aposentado, la mayoría de ellos, involucrando pueblos indígenas, poblaciones negras y comunidades campesinas a ser territorialmente despojadas en todo el continente.

Para sostener este sofisma y enmascarar el despojo, el progresismo utilizó nuestro propio lenguaje, la palabra y pensar de los pueblos indígenas y sus luchas. Fue así como términos y categorías de nuestro sentipensar y hacer como pueblos, fueron arrancadas de su pleno ejercicio en tanto hacer cotidiano y expresión de nuestras cosmovivencias que las expresan o ponen de manifiesto, y fueron incorporadas, manoseadas y ajustadas a los discursos de "letra muerta" de algunas de las constituciones nacionales de los ahora Estados corporativos. Dicho de otra manera, les fue arrebatada toda la fuerza del sistema de pensamiento que registran en su contenido en cuanto hacer propio, y fueron sometidas al oportunista manoseo verbal del poder del Estado, relativizadas en su significación y finalmente convertidas en sonido vacío del que algunos "pensadores críticos" echan mano para descalificar la continuidad de las luchas de nuestros pueblos.

Se trató pues, de casi dos décadas durante las cuales el progresismo al frente de los Estados-gobierno no sólo apaciguaron el movimiento social sobre cuya cresta de ola ellos habían accedido al poder, sino que por esa misma vía, fueron abriendo brecha a la penetración de la agenda extractiva de las corporaciones con las cuales, ya como Estados corporativos, se habían asociado, lo que no sólo constituyó una descarada relativización del concepto de soberanía nacional, sino que a su vez, esto produjo una forma de ejercer la política que degeneró en las peores y más vulgares tramas y redes de corrupción económica y política de su dirigencia.

Por otro lado, es interesante destacar, que mientras el progresismo ejecutaba su política de apaciguamiento y control de las fuerzas sociales, sus relaciones con el imperialismo norteamericano nunca estuvieron en riesgo real, muy a pesar de las vociferaciones o desplantes televisivos de Chávez, más dirigidas al público de la galería que como expresión de una verdadera intención anti-imperialista. En todo caso, lo cierto es que una vez culminado ese proceso, la sustitución "legal" (electoral) o "ilegal" (impeachment) de los gobiernos progresistas en cada uno de estos países entró en marcha, lo que en una nueva falsa apreciación (y como su justificación), el "pensamiento crítico" denominó como una "derechización" del continente, pues, en efecto, para el poder real de las corporaciones y el imperialismo, su tarea y su tiempo de poder, había acabado.

Por Isabelita, nosotros sabíamos que eso iba a suceder y por eso nos atrevimos a decirlo aún en momentos en que mayor fuerza social tenía Chávez en el poder, lo que nos ameritó odios y enemistades, aún dentro de la propia comunidad. Pero, se trataba de algo más que una convicción política, era ciertamente, que ya en ese momento las palabras de Isabelita era posible palparlas en nuestra convulsionada realidad y definitivamente, nos quedaba claro que el tiempo de los gobiernos y los Estados no es nuestro tiempo. Sin embargo, también hay que decirlo, todo este proceso que ahora vivimos como el más confuso y oscuro de los tiempos, este *mayokore ichuu juyakai nükoota we mmokar eeri aüchera*, diríamos en lengua añuu: "esta oscura tormenta nos habla de que el tiempo del mundo está de vuelta". La confluencia de tiempos de los enemigos de la humanidad se está disipando y claro vemos sus desmanes, la ambición y codicia del Waünnü o Yolujá, espíritu maligno que les alienta, por lo que ya no hay posibilidad de engaños para nosotros y esa, según Isabelita, es la señal de que nuestro tiempo está allí, tocando a nuestra puerta, susurrando a nuestros oídos, hablando a nuestros corazones, que lo escuchemos dice, que lo veamos pide y que en consecuencia, nos dispongamos a hacer.

III.- Hacer*topía*: el tiempo de Nosotros.

Más de cuarenta años después de la muerte de Isabelita, me encuentro con un hermano Quechua interpelándome con la difícil pregunta sobre, ¿cómo ha de ser la vida y el vivir que queremos y debemos construir?, esa que perdimos o que nos fue arrebatada, y es cuando me doy cuenta, que tal como ella lo vaticinó, el tiempo de nosotros llegaría pero no para ella ni para todas las otras abuelas y abuelos añuu, pues, ellos y ellas ya no tenían tiempo de vuelta, que su andar en esta tierra y esas aguas había acabado; pero yo sí estaría allí. Y aquí estoy, tan viejo como para desear ser más joven, y tan joven como para no poder decir que mi tiempo se ha acabado; por eso, pienso en la pregunta y veo el rostro de Isabelita, interrogándome: ¿cómo le vas a hacer?, ¿de qué forma vas a asumir el tiempo de Nosotros que ya sabes, ha llegado?

Así que responderé al hermano Quechua justo hablando con las abuelas y abuelos que sé, me han de acompañar en este tiempo. Converso entonces con Isabelita, el Tío Alberto, Trina Rosa, Guardina y Capajana, Josefita y María Sierra y por eso debo decirles, que bien aprendí de ellas que sólo hay una forma de hablar del futuro entre los añuu, para eso hay que agregar a la palabra que sea (nombre o verbo) la expresión: **-ee**, que hace de lo referido algo que a pesar de no tener lugar en el momento de mencionarlo, lo tendrá de seguro en lo inmediato, o por mejor decir, casi inmediatamente, de tal manera que nuestro futuro siempre es susceptible de verse porque está invariablemente justo frente a nosotros, alcanzable con nuestra voluntad de acción de hacerlo presente.

Por lo que, para nosotros, el futuro siempre tiene lugar en el presente, es por ello que cuando escuchamos hablar de una sociedad con justicia, donde la dignidad se manifiesta como el acto de vivir buscando ser siempre una mano para la familia y para la comunidad, no entendemos por qué llamar a eso Utopía, sobre todo, luego de saber que lo que se entiende por Utopía es algo que sólo puede ocurrir en un futuro improbable porque se trata de algo que no tiene lugar, y mucho más nos confunde cuando lo comparan con el sueño, es decir, como algo que no tiene realidad, siendo que el sueño para nosotros es donde tiene lugar la plena manifestación viva de nuestro espíritu y, por lo tanto, lo que allí ocurre es la realidad de nuestro espíritu convocando a nuestros cuerpos a prestar atención a nuestras vidas despiertas.

Así, pues, no nos es posible hablar pensando en un futuro invisible y mucho menos pensar una realidad sin lugar; de allí que lo que diremos sobre cómo asumir nuestro propio tiempo no puede ser visto como una esperanza fuera de nuestro alcance, o como un mero deseo echado a la suerte, sino que se trata de las acciones concretas que hemos de hacer comenzando en nosotros mismos, las que debemos desplegar permanentemente y de manera firme en nuestras cotidianidades sociales y políticas, en nuestras relaciones con los nuestros y con los otros, pues, sólo así es posible construir eso que llaman futuro en el presente.

Siendo así, para asumir el Tiempo de Nosotros lo primero que debemos hacer es entender quiénes somos nosotros, es decir, asumirnos como los *otros* que somos, lo que no es otra cosa que dar un vuelco al *vuelco* por el que nuestros corazones han sido sometidos; quiero decir, los más de 500 años de sometimiento colonial y de la colonialidad lograron en mucho, darle un vuelco a nuestros corazones, al punto de que hemos terminado por creer lo que los Otros dicen que nosotros somos: eternamente pobres o condenados a la pobreza por la condición atrasada, primitiva y/o tradicional de nuestras culturas; por ello, eternamente pedigüeños, incapacitados para vivir autónomamente y de crear conocimientos capaces de generar cambios en nuestras vidas y sociedades; por tanto, condenados a ser siempre dependientes de una sabiduría exterior tenida como superior.

Lo interesante es que esta denigrante manera de pensar, comúnmente usada en las esferas de poder de las sociedades nacionales, para referirse a los pueblos indígenas, negros, campesinos y pobres urbanos, sin embargo, es lo que en el fondo de su corazón sienten y piensan de sí mismos cuando se ponen en relación con los países centros de poder mundial. Es la manifestación del verdadero proceder del pordiosero que es capaz de arrodillarse y suplicar ante quien cree más encumbrado, pero es incapaz de pedir ayuda a un su hermano igual. Lamentablemente, debemos reconocer, que esta pérdida de dignidad igual nos ha atravesado y por eso, este es el primer vuelco que estamos obligados a dar internamente como camino a la reconstitución del Nosotros.

Ahora bien, al contrario de lo que se suele pensar y decir de que dado el largo tiempo de sometimiento colonial hace que lograr este vuelco requiera igualmente un largo tiempo de "toma de consciencia", pensamos que este paso implica una decidida y firme opción política, porque si bien es cierto que los grandes cambios cuando aparecen frente a nosotros es porque se han venido gestando históricamente, igualmente cierto es el hecho, que los grandes cambios sociales se producen de manera definitiva, cuando los sujetos arriban a esa firme y decidida opción política, y simplemente se lanzan al hacer correspondiente. Así, pues, el Nosotros no surgirá poco a poco o lentamente, sino que por principio, emerge en cada uno con la fuerza que nuestro espíritu le imprima a nuestra decisión política de cambiar, para cambiar las cosas.

En este sentido, pudiéramos decir, que el actual contexto de pandemia no es el resultado de una erupción circunstancial del **Waünnü** o **Yolujá** que ahora provoca la enfermedad que nos ataca a todos, pero que aún en medio de sus dañinos efectos por los que somos sometidos por los Estados-gobiernos al aislamiento y al encierro, esos mismos Estados junto a las corporaciones, igual no desisten ni por un momento de invadir nuestros territorios en su insaciable política despojo y explotación de la tierra con sus proyectos extractivistas, sostenidos en su histórica y continua arrogancia e irrespeto a la naturaleza y el mundo. Apoyados en una ciencia y tecnología desprovista de todo sentido comunitario, creen poder lograr saciar su insaciable ambición de acumulación infinita sobre un mundo que es finito; de esa manera, la civilización occidental ha provocado esta y todas las anteriores pandemias que la humanidad ha sufrido, a causa de la forma en que esta civilización occidental-capitalista-racista y patriarcal trata a las selvas, los ríos, los lagos, las montañas, los bosques y todo lo que en ellos habita porque en ellos sólo ve objetos disponibles a ser poseídos, explotados y convertidos en mercancías rentables. Nunca ve en ellos comunidades de seres vivos sino cosas a su disposición y dominio.

Hoy, cuando atestiguamos que en medio de la pandemia las invasiones a nuestros territorios auspiciadas por los Estados-gobiernos, no cesa. Que para nada importa como cada uno de ellos se autocalifica o es calificado ideológicamente, ya como de izquierda o de derecha, pues su hacer siempre está dirigido al despojo y el dominio de nuestros territorios en función de sus intereses económico-políticos; sólo que en esta oportunidad, no tenemos lugar adonde huir de su ambición y su codicia, pero tampoco tenemos tiempo para estimar seguir el juego que siempre nos proponen y en el que constantemente somos nosotros las piezas a mover y sacrificar. He allí la primera señal y condición de nuestro propio tiempo: No tenemos ni lugar ni tiempo que perder, por ello, o nos decidimos a emerger como Nosotros, o debemos considerar seriamente la posibilidad de que nuestro tiempo sobre la tierra ha llegado a su fin, tal como en su momento llegó a su fin el tiempo de nuestras abuelas y abuelos, con la diferencia de que nosotros estaríamos aceptando nuestra definitiva condena a desaparecer como pueblos.

Hablando con propiedad, debo confesar que desearía poder ser tan sabio como para tener las palabras exactas capaces de poner en frases, si es que esto fuera posible, cada uno de los pasos a dar para que así emerja el Nosotros en cada quien, en todas las comunidades y pueblos; pero, lamentablemente no está a mi alcance ese saber y poder; porque además, estoy convencido de que nuestro tiempo no nos exige conocer o usar muchas palabras o discursos sino sobre todo, *hacer*. Por eso, a la pregunta, cómo poder enfrentar este destino de abismo al que se nos pretende empujar, pienso que la clave está en ***ser*** y ***hacer desde y por el Nosotros***, ya que es allí donde reside nuestra posibilidad de dar el vuelco y retornar a nuestro corazón, y ésta no es sólo una manera digamos, poética, de decir las cosas, sino que en verdad se trata del *hacer* más difícil de ejecutar por nuestros alterados y colonializados espíritus, y porque nuestro verdadero corazón sólo es posible encontrarlo y sostenerlo en nuestros cuerpos en el simple pero rigurosamente cotidiano ejercicio de ***hacer comunidad***.

Podría decirse, que si allí están las comunidades indígenas, campesinas, negras, etc., ¿cómo es que planteamos la vuelta a ***hacer comunidad*** para encontrar nuestro propio corazón? A esto debemos responder que, de cierto, allí están las comunidades, ellas han resistido y r-existido por más de 500 años de sometimiento; sin embargo, tal resistencia y r-existencia no ha dejado de ser el resultado de un proceso de reconfiguración de sus cosmovivencias del que la comunidad no ha salido indemne, es decir, que en buena parte, su existencia actual ha sido a cambio de la pérdida de orientación de su propio corazón.

Por mejor decir, si en el tiempo del Nosotros nuestros desplazamientos económicos, políticos y sociales se producían y orientaban *de adentro hacia afuera y de regreso hacia adentro*, en un movimiento permanente de caracol que fortalecía a la comunidad en tanto que la misma podía decidir qué elementos significativos acoger para sí o cuales rechazar en sus relaciones en y con el *afuera*; sin embargo, el proceso de dominación colonial y de la colonialidad impuso e impone *desde afuera*, que nuestros movimientos en la actualidad siempre se produzcan por presión *de afuera hacia adentro y de nuevo hacia afuera* como respuesta pero esta vez, sin retorno al interior de la comunidad lo que por poco o por mucho provoca el deshilo de su tejido; de tal forma, que este movimiento de una cotidianidad impuesta ha ido generando un proceso de vaciamiento constante acerca del sentido de la comunidad al tiempo que el sentimiento de individualidad cobra fuerza, al punto de llegar a pervertir nuestras relaciones sociales internas al imponer la desconfianza como norma ética de un dudoso éxito para la sobrevivencia.

Dos ejemplos concretos nos permiten aclarar este punto. El primero ocurre en una comunidad indígena bari de la Sierra de Perijá. El pueblo barí se organiza a través de comunidades que se forman mediante la alianza de varias familias de diferente filiación que deciden construir un **Suakaëg** o casa colectiva. El trabajo de relación política de establecer las alianzas para la conformación de la comunidad es impulsado por aquel que por ello es reconocido como **Ñatubay** (*Tú tienes la energía*), éste se hace acompañar en las tareas de vigilancia del cumplimiento del hacer comunidad por otros dos igualmente considerados Ñatubay; entre sus tareas está la de mantener las relaciones con los Otros, particularmente, con las instituciones del estado y sus representantes de gobierno. En sus funciones de autogobierno estos Ñatubay tienen un tiempo de ejercicio, luego del cual, son sustituidos en asamblea comunitaria por otros tres miembros (hombres o mujeres), quienes asumirán la responsabilidad de ser los Ñatubay de la comunidad. Generalmente, éstos son elegidos por su edad, esto es, se trata de hombres y mujeres mayores, o con la suficiente experiencia de vida como para orientar en la confrontación de los diferentes problemas susceptibles de presentarse, tanto en su vida interna como en su relación con los de afuera.

Este sistema de organización política, autogobierno y relaciones sociales y de poder propias, sufre un duro golpe en el momento en que Chávez impone a todas las poblaciones su sistema de Consejos Comunales como estructuras organizativas encargadas de transmitir las decisiones y políticas del gobierno a las comunidades, de allí que los llamados "Voceros" de estos Consejos tenían la obligación de convertirse en militantes del Partido de gobierno, lo que les otorgaba la posibilidad de obtener beneficios gubernamentales, además de convertirse en detentadores del poder discrecional de incluir o excluir a determinadas personas de los programas sociales del gobierno. Se exigía, además, que estos "Voceros y Voceras" fueran lo suficientemente jóvenes como para estar en la disposición de viajar y hacer presencia en las continuas movilizaciones convocadas por el gobierno en la capital.

Como era de esperarse, la división, confrontación y aún separación de familias al interior de las comunidades barí se hizo presente con toda su carga negativa a los efectos de las luchas territoriales que en ese momento los pueblos indígenas en general, y los barí en particular, sostenían con el gobierno de la revolución bolivariana. Se trataba, con todo, de una política colonial dirigida a romper las estructuras de autogobierno de las comunidades y pueblos indígenas, al tiempo que se cooptaba a su población joven otorgándoles espurios y efímeros beneficios y se rompía con la unidad en la lucha por la demarcación territorial. Así, se imponía desde afuera una nueva estructura, que además funcionaba para extraer hacia fuera toda la fuerza y cohesión de la comunidad, vaciándola de sus formas propias de gobierno y despojándolas de su dignidad.

El segundo ejemplo es noticia actual. Además de la pandemia mundial, la confrontación política en la disputa por el poder del estado, y de la espantosa crisis económica que entre otras cosas ha llevado la inflación y el desempleo a niveles estratosféricos, los venezolanos estamos viviendo hoy una crisis energética que se manifiesta no sólo por la incontrolable intermitencia del servicio de energía eléctrica y del gas doméstico sino sobre todo, por la ausencia de gasolina, combustible sobre el que, por su abundancia, durante casi un siglo se edificó el funcionamiento del transporte público y de mercancías. Sin entrar en detalles acerca de las causas de tan catastrófica realidad, no por desconocer su importancia sino para no alejarnos de lo que en verdad queremos decir; uno de los hechos más terribles que ha generado la ausencia de combustible es la imposibilidad de los productores del campo a transportar sus cosechas hacia los mercados urbanos, lo que no sólo ha contribuido a incrementar el desabastecimiento y por ende, la inflación, sino que lo peor es la pérdida de las cosechas de aquellos campesinos que no tienen otro mecanismo para transportarlas.

Así, miles de toneladas de vegetales como papas, cebollas, coles, tomates y remolachas de la región andina se han perdido, o han tenido que ser lanzadas a los caminos para que recoja quien pase, o terminado como alimento de los animales en un contexto de verdadera hambre nacional, todo por la imposibilidad de los campesinos para sacarlas de sus fundos hacia el mercado. Sin embargo, esta dramática situación para todos, ha producido diferentes reacciones en la población y particularmente, entre los productores campesinos hoy, prácticamente arruinados.

Pero, en relación a éstos últimos nos interesa destacar dos posiciones que nos parecen fundamentales al propósito de este artículo, ellas son; la primera, aquella que frente a las circunstancias de pérdida han optado por volver al transporte de recua (mulas y carretas) para transportar parte de su cosecha, ya no al mercado nacional sino hacia pueblos y comunidades vecinas en lo que ha venido resultando una especie de restablecimiento de la memoria territorial en la que estos antiguos poblados se registran como puntos de encuentro e intercambio entre comunidades con las que estos productores ya poco se relacionaban, toda vez que disponían toda su producción para el mercado mayor de las grandes ciudades.

La segunda, es la asumida por algunos pequeños campesinos de la misma región quienes, ante la pérdida total de sus cosechas, al denunciar el periodo de hambre que se les avecina, ya que ellos dedican la totalidad de sus pequeños terrenos a la siembra de un determinado rubro dirigido al mercado urbano con cuya venta reponían para la nueva siembra y sustentar a sus familias, ahora, de manera violenta, la realidad actual les ha puesto en el disparadero de tener que pensar en la necesidad de sembrar en primera instancia, para *su comer*, es decir, anuncian que van a diversificar su siembra en función de garantizar, en primer lugar, la alimentación de sus familias y posteriormente, para la venta comercial.

Estas dos posiciones expresadas por algunos campesinos andinos venezolanos, es a lo que nos referimos como la vuelta al corazón del Nosotros. En el primer caso, el vuelco en el desplazamiento de la producción que se decide a volver a transitar viejos caminos, así como a reconstruir viejas relaciones comunitarias en una especie de vuelta a una economía hacia adentro, evidencia que la memoria territorial en estos pueblos persiste, que la economía de mercado con todo su poder envolvente no ha podido borrarla y ante su evidente quiebre por demás incontrolable para los campesinos, la respuesta de las comunidades es la de volver a lo que se presenta en su memoria como un movimiento siempre estable de su convivir en su complementariedad con las otras comunidades.

En el segundo caso, el dramático reconocimiento de que el esfuerzo de producción orientado por el monocultivo y hacia el mercado como destino, deja a los campesinos a merced de algo que es dominado en un afuera que ellos no alcanzan a conocer del todo, y mucho menos a controlar, es por lo que frente al hecho contundente de ver perdido su largo y duro trabajo de haber sembrado y cosechado un único producto de cuya venta depende para reponer sus fuerzas y así sustentar la vida, ha generado el momento de la conciencia acerca de la verdadera finalidad de *su hacer* como comunidad humana y ese no es otro que, en términos añuu diríamos: **weiña**, esto es, *nuestro alentar hogar*, ya el que formamos con nuestra propia familia como el de nuestra comunidad, lo que en consecuencia implica **weiña kanuye**: *nuestro hacer comunidad* o *nuestro alentar a la comunidad*, para ser más precisos.

Algo en este mismo sentido de vuelta al Nosotros está ocurriendo en algunas comunidades wayuu, que actualmente están enfrentando a la pandemia sin recurrir o solicitar la presencia y ayuda del estado, que de hecho y en circunstancias como esta, siempre está ausente, sino que han asumido retornar al sentipensar de su cultura que en el pasado, en momentos como este, invoca la palabra del sueño interpretado por las abuelas, quienes entonces disponen la acción que prescribe el *hacer* conjunto de la reposición de antiguos rituales con la revitalización del uso de su propia medicina de plantas e infusiones por muchos ya olvidadas, en algunos casos, combinados con la medicina **alíjuna** (de los criollos), pero en lo fundamental, saben que la sanación exigida ha de ser colectiva, de allí el llamado a la danza de la **Yonna**, para abrir con ella el portal que haga posible la vuelta de **Juyá** a la Guajira y así les asista en el combate al **Yolujá** que hoy se presenta como peste.

Sin embargo, debemos reconocer, que se trata de casos y no de un sentimiento general y, mucho menos, de un movimiento, quisiéramos que así fuera, pero sabemos que eso no depende de que podamos nosotros expresarlo claramente con palabras y así decretarlo; porque lo cierto es que estos y otros casos similares que se presentan diseminados en todo el país, se están produciendo como resultado de la confluencia de diversos factores en una realidad que así termina colocando a las poblaciones entre la espada y la pared, por lo que la disposición a r-existir desde la memoria territorial que conforma su cuerpo y corazón es uno de los caminos que se le presentan como opción en el contexto de resistencia. Por ello, creemos que pensar sólo teóricamente en una posible generalización de estos casos en función de crear, ahora sí, un gran movimiento regional, nacional y hasta mundial que en aluvión universal pueda dar vuelta al destino de muerte al que se nos condena, aunque suene bien y pueda ser hasta políticamente correcto, no deja de estar conectado con la pretensión universalista de occidente y ciertamente, uno de los sentidos con los que se suele relacionar la idea de Utopía: sueño o quimera, lo que por cierto, no es malo en sí mismo; pero pensamos, que sin menospreciar ni abandonar el debate, en estos momentos, por lo menos en Venezuela, nuestras reflexiones deben ir de la mano del proceso del *hacer desde el Nosotros*.

Quiero decir, de lo que se trata es, en primera instancia, de decidirnos a dar vuelta hacia el Nosotros desde el *hacer* en el sentido que este término tiene para el pueblo añuu: *alentar hogar, alentar comunidad* y esto, en segunda instancia, sólo es posible mediante la recuperación o reconstitución de nuestros *lugares* de lucha, es decir, nuestras comunidades en, por y desde sus autonomías. Para ello, debemos desechar toda ilusionista propuesta proveniente de los estados corporativizados y sus representantes, aún de aquellos que siendo parte de nuestros pueblos y organizaciones, en sus individuales compromisos con los enemigos de nuestra autonomía, han extraviado su corazón. Así, volver al Nosotros implica estar decididos a crear y defender día a día la recuperación y reconstrucción de nuestros lugares en su habitar, en el control de la producción de nuestro comer, recuperando y potenciando nuestros saberes para sanar, y sobre todo, recuperando el tejido de nuestro convivir entre nosotros y en nuestras relaciones de complementariedad con los otros como nosotros aunque diferentes; esto, en virtud del ejercicio de un autogobierno orientado por nuestro propio horizonte ético.

He aquí, pues, a lo que llamamos **Hacer*topías***, como manifestación y proceso de lucha del **Nosotros** de cada grupo, comunidad, pueblo, etnia, nación, que ha decidido retomar en sus manos su destino en, por y desde sus lugares y territorios; por lo que debemos reconocer y advertir que no se trata en modo alguno de pretender señalar un lineamiento único para la reconstrucción y reconstitución de todos los lugares, pues, estamos seguros que **hacer*topía*** siempre será expresión de la heterotopía que nos muestra el mundo que así alimenta todas las visiones del mundo posibles. En todo caso, si algo de todo lo expuesto pudiéramos reclamar, no como autor del escrito, sino en cumplimiento a la palabra dada a Isabelita en la Laguna, es el **Weiña Kanuye añuu**, que ofrecemos como ofrenda que haga posible la vuelta al Nosotros en el **Hacer*topía*** de todos.

Mutualismo
Hacia una Trans-civilización

Atawallpa Oviedo Freire

«Que todos vayamos juntos, que nadie se quede atrás,
que todos tengamos todo lo necesario, que a nadie le falte
nada».

Proverbio de los Andes

Introducción

Las mujeres, los no-blancos, los homosexuales, los ecologistas, los animalistas, los migrantes, los espirituales, los pobres, los colonizados, los discapacitados, etcétera; están llamando y empujando, quizás, la transformación más importante en toda la historia humana. Luchan, respectivamente, contra el machismo, el racismo, la homofobia, el cambio climático, el sacrificio animal, la xenofobia, la aporofobia, el fanatismo religioso, el monoculturalismo, el perfeccionismo, y otra serie de exclusiones, discriminaciones, marginaciones; por parte, de lo que la oficialidad llama a este sistema-mundo como la civilización, el capitalismo, la modernidad, el primer mundo, el progreso, el desarrollo.

La civilización ha fracasado al no haber podido resolver la miseria, la violencia sistémica, la depredación de la naturaleza; todo lo cual, nos ha conducido a la crisis ambiental y al caos social que se vive actualmente, al punto de que está en entredicho la sobrevivencia de la misma especie humana, algo nunca ocurrido en toda la historia humana. Ha creado un sistema piramidalista al extremo, el que en apenas 2000 años ha concretado la riqueza en el 1%, especialmente en su etapa denominada el capitalismo, y en particular en la subetapa denominada el neoliberalismo.

Este mundo piramidalista es totalmente diferente al mundo de la naturaleza o de la vida no-humana, que funciona en una forma espiralada y en equilibrio entre lo vertical y horizontal, en donde los ecosistemas de abajo sostienen a los de arriba y viceversa. Lo que quiere decir que el piramidalismo o la civilización es opuesto a la vida, es un sistema homicida, que ahora con el calentamiento global y la pandemia del coronavirus está muy claro que es un sistema que atenta contra la vida, especialmente la humana.

El mundo pre-civilizado o indígena no era perfecto y evidentemente hubieron muchas situaciones cuestionables en la relación que se dieron entre los seres humanos, pero en cuanto a todo lo no-humano su relación fue de mucho respeto y cuidado, nada comparable a lo sucedido en la civilización, especialmente en la modernidad, y dentro de ella en el denominado desarrollo. La etapa indígena, o salvaje y bárbara como le llama la civilización, sabía lo que es el respeto a la naturaleza, por ende, fue mucho menos violenta la lucha entre esos seres humanos, ha como se ha dado en la etapa de dominación de la naturaleza, y consecuentemente del ser humano, especialmente del trabajador.

Consecuentemente, la utopía se convierte en un mundo de mínimas discriminaciones y de las menores desigualdades entre los privilegiados y los desprivilegiados; para que sea posible un mundo aceptable, vivible y perdurable, para todos quienes hacen y conforman el planeta Tierra. Un mundo que, sin ser ideal o perfecto, sea digno de la especie que se considera la más inteligente entre todas las especies de la Tierra y el Universo, pues, hasta ahora el hombre civilizado ha demostrado todo lo contrario.

Por qué no hay un mundo en esas condiciones, si suena como algo elemental, lógico, saludable. Qué impide aquello. Pues, una serie de creencias, valores, principios y categorías, que han sido establecidos como superiores y únicos, por la auto denominada civilización o por aquella sociedad que se ufana de haber superado la barbarie y el salvajismo. Y la respuesta es al revés. Siguiendo esta lógica piramidalista la auto denominada civilización es el sistema-mundo más salvaje y bárbaro en toda la historia humana. Pero ella, obviamente ha convencido de que es todo lo contrario y se lo han creído todos los civilizados o domesticados a este paradigma.

Por ende, no vivimos una crisis civilizatoria o de civilizaciones, sino una crisis de LA civilización. La que está en crisis, mejor dicho, en caos, es la civilización como tal y todos sus constructos ontológicos y epistémicos. Por ende, no se necesitan más procesos civilizatorios o una nueva civilización sino una trans-civilización. A los civilizados o amansados por el dogmatismo del racionalismo androcentrista les han convencido o les han adoctrinado de que su sistema es lo más avanzado, mejor, evolucionado, desarrollado, grande, que ha producido la humanidad. Y lo siguen repitiendo, reproduciendo, y seguir prolongando, aunque de labios para afuera dicen que quieren otro mundo. Algo parecido al concepto de desarrollo, que ha fracasado y ahora hablan de desarrollo sustentable, desarrollo con identidad, desarrollo cultural. El hecho de que le pongan apellidos no cambia su nombre y su condumio principal.

Los salvajes han convencido al resto del mundo de que ellos no son los salvajes, de que los salvajes son los Otros; como lo han dicho los tiranos, los imperialistas, los evangelizadores, los asesinos, los corruptos. "La culpa era de ella por andar con minifalda". "Lo hice por su beneficio". "Le estaba llevando liberación y progreso". "Era para salvarle del infierno". Etc.

Como de igual manera han convencido a muchos, de que la culpa de la pobreza es del pobre y no del empobrecedor. La culpa la tienen los pueblos conquistados y dominados, y no los colonizadores o civilizadores. La culpa es de los indígenas primitivos y no de los extirpadores. Es decir, los autodenominados "extirpadores de idolatrías" extirparon las espiritualidades milenarias e impusieron la religión antropocentrista idolátrica y les acusaron de idólatras a quienes respetaban y honraban a la naturaleza. Esa la ironía, el asesino le acusa de asesino a quién le viene de asesinar, y hay quienes siguen convencidos de que los salvajes eran los que vivían siguiendo las leyes de la vida, es decir, de la naturaleza.

Obviamente, para justificar su salvajismo tuvieron que acusar a los otros de salvajes, para construir su mundo salvaje tuvieron que crear el dualismo de salvajes / no salvajes, o lo que ellos llamaron civilizados / incivilizados. Siendo éste el axioma que ha modulado y guiado a este mundo, el que delimita y condiciona quienes son los buenos y los malos, de quienes han llegado a atacar y matar a los Otros bajo el argumento que ellos representan el "impero del bien" que combate al "imperio del mal".

Supremacismo

El "superiorismo" ha sido el dogma sobre el cual se ha construido la civilización y en el complejo de Solomon de los civilizados. El superiorismo contra las mujeres, los no-blancos, la naturaleza y todos los nombrados anteriormente, y que se sintetiza actualmente en el concepto del supremacismo. La palabra supremacía viene del tardío latín medieval (*suprematía*), basado en la connotación del que está más encima sobre los otros. El supremacismo greco-romano dividió al mundo y a todo lo existente, entre los de encima y los de abajo. El *supremus* es lo que está encima de todo. O también llamado el Sumo, el Sumo Pontífice (Maximus Pontifex), configurado como Sumo Emperador y Sumo Sacerdote, el que dirige lo político y religioso. En definitiva, el mundo de los Sumo (los privilegiados) y de los Nadie (los desprivilegiados).

A estas supremacías, de acuerdo al rasgo o característica tiene su especificidad, así a la supremacía masculina como machismo, a la supremacía hacia los otros fenotipos no-blancos como racismo, etc. Todo lo cual fue naturalizado y legalizado durante todo este proceso, y hoy los supremacistas se han rebelado porque se quiere cambiar esta situación. Están convencidos de que es normal de que ellos deben estar arriba y que los Otros deben estar abajo, y si no están de acuerdo hay que eliminarlos, y en eso están más empeñados que nunca cuando se comienza a tambalear su sistema-mundo. Así actuaron desde siempre, lo siguen haciendo, y no cambiarán.

Eso estamos viviendo en todo el mundo, antes era la lucha contra la izquierda-comunismo, ahora es contra el feminismo, el ecologismo, la espiritualidad, y todo lo que se oponga a los preceptos de la civilización. Todo esto implica una descolonización, esto es, una des-civilización, si no hay des-civilización no hay descolonización como propugnan los decoloniales y otros. A los procesos de conquista y de dominaciones imperiales, desde la doctrina académica se los cataloga como actos civilizatorios, es decir, de progreso o de superación, y abogan por nuevos procesos civilizatorios. Demostrándose con esto que el colonialismo sigue latente, que el colonialismo civilizatorio se ha amplificado y profundizado, y principalmente, de que no hay pueblos libres como ellos pomposamente se auto titulan sino pueblos "salvajizados" o esclavos.

La descolonización no es solo del eurocentrismo, es mucho más profundo. El eurocentrismo es otro rasgo o expresión de la civilización. La civilización con todos sus *logos* y todas sus instituciones políticas-religiosas y jurídicas, son las colonialistas en su raigambre propia, no solo el capitalismo, que es tan solo su brazo económico, sino también el socialismo que es el brazo izquierdo de la civilización. No se trata de pulir la democracia sino de recrear algo diferente, como por ejemplo la sociocracia, que ciertos grupos ya lo vienen practicando y experimentando; y así, en todo.

La prueba de lo anotado, es que los autodenominados civilizados son en toda la historia, los que más han dominado, esclavizado, explotado y matado a millones de seres humanos de los pueblos del mundo a los que les denominaron salvajes. Los llamados salvajes no han hecho nada en contra de los civilizados, tan solo han buscado defenderse de ellos. Los civilizados en su afán de imponer y de llevar su supremacismo a todo lado, han exterminado pueblos, culturas, lenguas, espiritualidades, ciencias, saberes; pero ninguno de los "salvajes" han hecho algo así contra los civilizados, ni siquiera un poquito.

Los romanos que fueron los primeros grandes civilizadores, mejor dicho, los primeros grandes "salvajizadores", procedieron a conquistar y dominar gran parte de Europa, lo que implicó la extinción de sus culturas indígenas, y la imposición del cristianismo, del latín, y principalmente de sus filosofías e instituciones, las cuales sobreviven hasta el día de hoy. Si los romanos no hubieran hecho esto o hubieran sido rechazados por todos los pueblos europeos, hoy, por ejemplo, España sería Hispania, Iberia, Cantabria; hablarían lenguas celtíberas y otras milenarias de esos territorios; practicarían espiritualidades vitales y no religiones antropocéntricas; etc. Los sacrificios y matanzas que hicieron los romanos en Cantabria y Numancia, hablan de la crueldad de quienes eran en verdad los civilizadores, los más salvajes entre los salvajes, y que luego desataron todo el salvajismo por todo el mundo.

Irónicamente, hoy los civilizados españoles se enorgullecen de que su filosofía es la griega, de que su derecho es el romano, de que su lengua es una rama del latín, de que su religión es la helénico-semita; es decir, nada de lo originario o propio. Los civilizados o convertidos, ahora resaltan, agradecen y defienden que los romanos les hayan ido a civilizar y sacarles de la barbarie y el salvajismo en que vivían. La romanización o "salvajización" de Europa ha sido puesto como un acto de mejoramiento, de liberación, de extirpación del salvajismo primigenio de los europeos. Y luego, eso mismo se ha repetido el resto del mundo en referencia a los conquistadores europeos.

Igual o más salvajes que los romanos fueron los persas, pero éstos no lograron expandirse como lo hicieron los romanos, al extremo de que lo que hoy se llama globalización es la romanización de todo el mundo. Las instituciones greco-romanas son las que hoy gobiernan la mayoría del planeta y por ende las responsables de la crisis ambiental y del caos social imperante.

Dicho de otra manera, los "salvajizados" en toda la historia humana han sido los únicos que han matado, esclavizado, explotado, discriminado al resto de culturas y pueblos de todo el planeta. Ningún pueblo asiático, africano, americano, ha llegado a los extremos y niveles de lo que han hecho los civilizados europeos con el resto del mundo, o más precisamente las monarquías europeas. Pero hoy dicen que fue un acto de mejoramiento, de liberación, de educación, de desarrollo, el que llevaron a todo el mundo. Hubo guerras atroces entre distintos pueblos, pero solo los civilizados lo hicieron con todo el planeta, nadie más hizo algo así.

Los europeos pre-civilizados cuestionaban y rechazaban a los romanos, pero después de mil años de romanización o "salvajización" pasaron a celebrar, homenajear, festejar la masacre de sus antepasados; y lo mismo ha sucedido en el resto del mundo. Hoy todos sufren el síndrome de Estocolmo y han pasado a honrar a sus verdugos, y buscan romanizar donde todavía falta, es decir, pretenden "salvajizar" a todos aquellos pueblos que todavía no han sido "salvajizados", y que irónicamente los acusan de que ellos son los salvajes. Los salvajes les acusan de salvajes para introducir su salvajismo, esa la historia de la civilización. Los salvajes son los supremacistas, los misóginos, los racistas, los ecocidas, los sexistas, los xenófobos; pero ellos, les dicen que los salvajes son los que creen en la igualdad, la inclusión, el respeto. Qué paradoja.

El esclavismo civilizatorio ha ido consolidándose durante estos más de 2000 años, hasta llegar a la auto esclavización en este tiempo, produciendo al hombre más esclavo en toda la historia humana. Paradójicamente, el más grande esclavo en toda la historia se considera libre, ha sido convencido de que su esclavitud es libertad. El esclavo antiguo sabía que lo era y luchaba por dejar de serlo, el esclavo moderno se ha convencido que es libre y el mismo se impone las cadenas, las que ya no son solo físicas sino mentales, emocionales, afectivas, espirituales.

Desde niños van siendo paulatinamente domados y en su lugar van almacenando una serie de creencias, dogmas, teorías, para que devengan esclavos compulsivos que hacen de su vida trabajar y trabajar como principal razón de su existencia. Llegando al caso extremo de que hoy mueren por exceso de trabajo, nadie les obliga, ellos mismos se auto imponen y mueren con paros cardíacos u otros. Nunca en la historia humana, los suicidios han sido la segunda causa de muerte después de las enfermedades. Demostrándose que ésta es la sociedad más salvaje que ha habido, que sacrifica a su gente de forma cruel y despiadada, aunque lenta. Los sacrificios humanos que hacían otros pueblos no es nada con los sacrificios humanos que hace el capitalismo con los millones de pobres, enfermos, que ella ha producido.

Esto da cuenta de que los civilizadores siguen actuando y no pararan hasta destruir todo el planeta, hasta cumplir con el mandato bíblico de someter a la naturaleza, de torturarla hasta sacarle todos sus secretos (Bacon). Esa es su misión, su designio, y para ello tienen que eliminar a los guardianes de la tierra, a los que ellos califican de salvajes. Los hombres "libres" se lo han creído, y cual vampiros o zombis, buscan vampirizar a los naturistas que quedan para que también contribuyan al sometimiento definitivo de la "salvaje naturaleza" y de los últimos "salvajes" que quedan.

La civilización se ha impuesto, irónicamente, como misión liberadora o emancipadora la de monoculturizar el mundo para que todos piensen iguales, y con ello terminar con lo diferente, lo heterogéneo, lo plural. Lo empezaron los persas, siguieron los grecos, y finalmente los romanos lo lograron, y han procedido a civilizar o salvajizar gran parte del mundo. Su entrada fue a través del cristianismo, invento de Pablo de Tarso, quién creo al Cristo en base a la figura redentora de Jesús que comenzaba a circular, entre tantos que habían en aquella época, pues eran pueblos que vivían esperando el enviado de dios, incluso los judíos todavía lo siguen esperando.

La palabra Cristo proviene del griego, que a su vez es traducido del idioma hebreo que quiere decir "mesías". El cristianismo tal como lo conocemos ahora es la síntesis de lo semita-greco-romano, con el cual se imputaron la tarea de estipular o de convencer de que hay un solo dios, una sola religión, una sola filosofía, una sola ciencia, una sola cultura, un solo arte, una sola forma de vivir (monosofía). Y casi lo van logrado, gran parte del mundo vive en su emancipación civilizatoria o en su esclavismo libertario, así de paradójico. El esclavismo civilizatorio que significa la uniformización o estandarización dentro de sus esquemas y moldes, y aquellos que no son convertidos son exterminados a nombre de dios, de Jesús, de la civilización, del progreso, del crecimiento, del desarrollo.

Desavaljizar el mundo

A pesar del exacerbado colonialismo monosófico que ha empujado la civilización, no han logrado homogenizar a todos, incluso dentro de la misma civilización, algunos de los cuales pueden convivir con los Otros y reivindican el respeto a la diferencia y a la pluralidad, ya que es imposible terminar con la diversidad, que es la esencia misma de la vida. Sí hay personas y grupos que pueden vivir así, aunque hoy sean en menor cantidad que los supremacistas, quiere decir que sí es posible un mundo del cuidado, de la empatía y del respeto, al menos de la tolerancia, con una población consciente en mayor cantidad. Esa es la tarea.

Al interior de la civilización hay fuertes voces que llaman y reclaman un mundo respetuoso hacia otras formas culturales y otras manifestaciones humanas. Entonces, acaso es posible revertir esta situación. Creemos que sí, que es viable un mundo "desalvajizado", en el que haya una mayoría de personas conscientes, solidarias, cooperativas, afectivas.

Cuáles son los puntos que determinan esta situación de exclusiones y de conflictos entre unos y otros. La atraviesan categorías filosóficas, culturales, políticas, sociales, económicas; siendo ésta última determinante. Y dentro de ésta, hay una que es estructural o que está en la raíz, y que es la apropiación mediante la conquista. Todo lo demás, es consustancial o, a imagen y semejanza de este nuevo dios, de un dios misantrópico creado, de un dios que no es natural a la vida ni a la conciencia humana.

La civilización se caracteriza por hacer de la conquista, a través del saqueo y de la desposesión, su manera de existir, de ampliarse y de perpetuarse en el tiempo y en el espacio. Esa es su impronta, civilizar quiere decir conquistar, colonizar, esclavizar, asesinar. Ha sido un proceso de desarrollo y crecimiento cada vez más acentuado y prolijo, hasta que hemos llegado a la etapa más desaforada por apropiarse de la mayoría de los bienes naturales, materiales y humanos de todo el planeta, ya no solamente locales o regionales. Incluso, ahora amenazan de otros planetas.

La apropiación es en última instancia el meollo de todo lo que ha impuesto la civilización como modo de existir y de ser. La disputa de las corporaciones y de los países por controlar el mercado, por ganar más, por obtener mayores réditos, por ser los más poderosos. Ahora lo vemos claramente en la guerra fría comercial entre EEUU, China, Rusia, quienes entran en conflictos locales para ir ganado terreno o van abriéndose paso en territorios a través de préstamos o a través de introducir sus industrias. En la pandemia del coronavirus se han disputado por ser los primeros en tener la vacuna, no porque les interese la curación en sí mismo sino por los réditos económicos, geopolíticos y científicos que ello representa. Trump, Putin, Xi Jinping; son los Ciro II el Grande, Alejandro Magno, Julio César, Atila, Gengis Kan, Tamerlán, Hernán Cortés, Francisco Pizarro, Napoleón Bonaparte, de este tiempo. Las formas y medios de las guerras cambian, mas no los propósitos y objetivos. Es el vampirismo a niveles extremos, donde nada calma la sed por engullirlo todo.

La privatización de los bienes comunes es el propósito de la economía y de todo el sentido de existir de la civilización y de su modelo económico denominado el capitalismo. El pulpismo por acapararlo todo. Un mundo caníbal donde los privilegiados se comen a sus propios dependientes y a los Otros. Caníbales que solo velan por sus intereses personales, familiares y grupales; que no entienden que es la reciprocidad, el apoyo, la ayuda mutua, la unión, pues su único interés y moral es la rentabilidad, la acumulación, la concentración. Este canibalismo privatizador ha generado individualismo, egoísmo, soledad, estrés, muerte. Privatización que no ve a la vida como fuente de existencia, sino como mercancía, objeto, usufructo. Privatismo caníbal que no ve a las personas como seres humanos sino como trabajadores, obreros, mano de obra. Capitalismo caníbal que ve a las mujeres como vientres de reproducción, como objetos sexuales, como amas de la cocina. Etc. Etc.

La concepción caníbal del privatismo sobre los Otros se sintetiza en la apropiación de su vida, de su fuerza de trabajo, de su capacidad de consumo, de lo que representa su usufructo laborado, etc. Todo esto se traduce o se expresa en la conquista como sistema y estilo de vida. El caníbal quiere conquistarlo todo y hace de su existencia la conquista como instrumento y fin de su vida. La conquista de un poder, de un país, de un mercado, de un bien, de un título, de una empresa, hasta de su pareja y de sus hijos. La vida ya no es compartir sino el quitar, no es la preocupación porque todos estén bien sino porque cada uno se salve como pueda. Es el crear crisis para sacar ventaja de ello, y para tener la oportunidad de repartirse el mundo de otra forma. No es el mundo del nosotros sino del yo egocéntrico. Han cumplido con el legado o encargo bíblico de Caín y Abel: diente por diente y ojo por ojo.

Frente a este canibalismo capitalista, hubieron quienes propusieron como alternativa la propiedad colectiva y centralizada en el Estado, pero este estatismo proveniente del ala izquierda de la civilización resultó otro fracaso y hasta peor que el privatismo. A la final, el estatismo resultó otra variante del privatismo, fue el tentáculo de izquierda del canibalismo privatista. En el privatismo hay una gran producción, aunque la mayoría de la riqueza producida va para el propietario y algo queda para el trabajador; en cambio, en el sistema centralizado de economía la producción es baja y no logra abastecer para todos. Estatismo y privatismo resultaron los dos lados de la misma moneda.

Economías "Equitables"[35]

Por miles de años las economías comunitarias en todo el mundo dirigieron a sus pueblos hasta que surgió la propiedad privada, la que paulatinamente fue desplazando a las economías indígenas o ancestrales. Luego de derrotar a las monarquías familiares y aristocráticas aparecieron las monarquías burguesas y capitalistas. Viviendo los últimos 100 años una disputa entre privatismo y estatismo, ambas, partes integrantes del capitalismo y de la civilización. A estas alturas, hay tres tipos dc cconomías, cuyo eje lo tiene lo privado, subsidiariamente lo estatal, y finalmente los restos sobrevivientes de lo comunitario. El privatismo, especialmente el neoliberal ha demostrado ser un peligro para la propia sobrevivencia de la especie humana, y el estatismo progresista ha sido su complementario. Derechas e izquierdas han demostrado ser extractivistas, depredadoras, ecocidas, vitalcidas.

Ante este caos y crisis de la civilización y del capitalismo, han comenzado a reflotar posturas grupales o asociativas, con diferentes nombres y dimensiones, algunas quedando como simples extensiones del capitalismo y otras en ruptura. Alterando completamente los postulados del capitalismo y de la civilización en su conjunto, ha surgido el principio y sistema de la mutualidad o del mutualismo como otra vía. La cual parte del concepto de ayuda mutua, pero no solo entre los seres humanos sino entre todos los seres que constituyen y participan de este planeta, partiendo del criterio de que todo tiene vida o está vivo.

---

[35] La palabra "equitable" viene del francés y creemos importante castellanizarla, dentro del mismo espíritu de equidad y equilibrio.

En la mutualidad no hay exclusiones por clase, raza, género, etnia, espiritualidad, especie, etc. Convirtiéndose el mutualismo en el paradigma revolucionario del nuevo tiempo, donde todos cuentan y todos son partícipes en la construcción social y natural, o en palabras de los zapatistas en México, un mundo donde quepan todos los mundos.

El sistema mutual, en la actual situación, concibe la coparticipación de las economías existentes, pero para el cumplimiento de su principio fundamental de que primero está la vida en su conjunto (vitalcentrismo), esto es, de la vida sobre el ser humano, del ser humano sobre el capital. En las propuestas mutuales no desaparece lo privado ni lo estatal, pero pasa a ser lo central o lo principal, lo común, lo grupal, lo asociativo, lo cooperativo, lo colectivo, lo comunitario, lo circular, etc.

Esto implica salir de una economía para el 1% que es la economía neoliberal y que ha concentrado en un pequeño segmento de la población la mayoría de la riqueza mundial, por una economía para el 75% o de mínimas desigualdades. En las visiones mutuales no se aboga por un mundo igualitarista como propugna el comunismo ni de desigualdades extremas como en el liberalismo, sino de mínimas desigualdades posibles. De acciones y emprendimientos para que las desigualdades se acorten a lo necesario, para que sea un sistema estable y dinámico.

Esto implica cambiar el sentido de la apropiación y de la relación con la naturaleza. Solo para ejemplificar, imaginemos que la propiedad de todas las grandes empresas privadas que hay actualmente en el mundo, pasan a ser propiedad colectiva de sus trabajadores y propiedad privada de sus accionistas en una relación 75% - 25%, en ese orden. Y que todas esas empresas devienen o pasan a ser sostenibles o ecológicas en el sentido más profundo. Sería posible un mundo así?

Indudablemente que sí. Solo cambiando esas dos variables ya se generaría otro mundo.

Por qué 75% - 25%. Porque es una ley natural que permite el funcionamiento simbiótico de un sistema en forma emprendedora y reproductiva. El cuerpo de un ser humano es 75% agua y el resto es masa muscular o carne. Este planeta también sigue la misma proporción, entre los océanos y la masa terrestre. El promedio de agua entre todos los animales de este planeta es también de 75%. Por lo que ésta es una guía o un modelo a tomarse en cuenta para muchas configuraciones sociales que hay que cambiar. Así, por ejemplo, en la actualidad alrededor del 70% de la población mundial vive en ciudades y que son las que generan mayor contaminación. Las ciudades ocupan apenas el 4% de espacio geográfico, pero contaminan en un 80%. Para que sea sustentable el planeta, máximo el 25% de la población debe vivir en ciudades, como lo era hasta hace un poco más de 100 años, y siendo imprescindible que desaparezcan las metrópolis.

Sociocracia o Biocracia

Desde las diferentes corrientes mutuales se propugnan cambios estructurales y no más gatopardismos o falsos cambios de derecha o de izquierda, como es el caso de cambiar a los personajes que dirigen ciertas instituciones, para que funcionen con otro organigrama y con otra tendencia ideológica, sino, el de construir Otro Mundo, otro sistema de gobierno, otro sistema de elección, otro sistema de participación, etc.

La izquierda solo se ha posesionado de las instituciones creadas y le ha dado una nueva orientación. Lo que no ha representado mayores cambios, por el contrario, ha ajustado mucho más al mismo sistema para que no se caiga. El desencanto que ha provocado la izquierda ha provocado buscar otros caminos de transformación personal y social, por ejemplo, las ecoaldeas, las cooperativas integrales y las biocomunidades. Proyectos muy interesantes, en los que se conjugan elementos comunitarios ancestrales con modernos.

Estas propuestas mutualistas, buscan dentro de un pequeño territorio reconfigurar toda la vida social proveniente de la civilización, a partir de otra forma de organización, de funcionamiento, y de relacionamiento. Es una propuesta alterativa (no alternativa), porque buscan alterar lo más posible de lo estatuido oficialmente, con otro tipo de educación, alimentación, construcción, producción, salud, en definitiva, todo. No funcionan piramidalmente sino espiralmente, con ello rompiendo con todos los paradigmas d derecha e izquierda. Se han convertido en referentes y guías de que sí es posible disminuir las desigualdades y las exclusiones lo más posible.

Un elemento central de estas organizaciones mutuales, es su forma de organización, de gobierno, de elección, de participación. Y todo lo demás, es consustancial o se desovilla siguiendo esta misma visión, y que no solo hace referencia a los seres humanos constituyentes, sino a todos quienes cohabitan en un espacio, y en comunión con todo el planeta y el multiverso. No ha sido fácil su recorrido, pero ya van más de 50 años y siguen surgiendo cada vez más, confirmando de que sí es posible otro mundo.

A este modelo de coexistencia grupal lo llaman sociocracia y que está asentada o arraigada en el consenso. Toda decisión pasa por todos sus miembros y no por representantes como en la democracia. Eso es fundamental, para que todos sean tomados en cuenta y no hayan privilegiados ni corrupciones secretas o aprovechamientos por su cargo. Y, por tanto, los resultados y los retornos sean en el mismo sentido, beneficiosos para todos.

La sociocracia hace un cuestionamiento frontal y profundo de la democracia que fuera creada por la civilización. La democracia no solo está en crisis sino en caos, demostrando que es un sistema obsoleto. A la final, es una variación de la monarquía, en la que millones de personas siguen siendo puestas bajo la dependencia de una sola persona llamada presidente, antes denominado rey. Todos dependiendo de los aciertos o errores de un solo individuo, y sin que puedan hacer mayor cosa sobre sus designios. Su vida y su destino, está marcado, delimitado y decidido por un autócrata.

La democracia se ha convertido en un espacio principalmente para los carismáticos, los únicos que pueden llegar a altos sitios de poder. Los partidos eligen como candidatos a gente con carisma para tener opción de ganar, ya que eso es la democracia, ganar elecciones y para eso están los que tienen el "don de la gracia". Si una persona es preparada, inteligente, con experiencia, pero no tiene carisma o atractivo, no es puesto de candidato porque perderá en el reallity de la democracia.

La persona preparada será puesta en lugares secundarios, quedando subalterno, al servicio y criterios del carismático o bendecido. Este último le consultará una y otra vez al que tiene la experticia, pero quién decide es el carismático, porque ganó las elecciones y ese es su mérito principal. Como consecuencia la gracia de un personaje es la desgracia de todo un pueblo, el cual votó por el agraciado, y mereciendo su desgraciada situación.

El término carisma se refiere a la condición de ciertas personas para atraer y cautivar a muchos, quien con su sola presencia se convierte en centro de atención. Del latín charisma y su origen en un vocablo griego que significa "agradar". Un sujeto carismático logra despertar admiración con facilidad, una admiración que puede ser solo espejismo o un pantallazo. Y la política se convirtió en otro lugar donde los carismáticos pueden sacar ventaja de su "favor", ganando el voto de tanto incauto que se deja llevar por el carisma. Al límite de que algunos votan por un candidato, porque es guapo o guapa. Y luego estos "bonitos" hacen sus fealdades y los demócratas terminan arrepentidos, les comienzan a ver feos y se les acaba el carisma que sentían.

Esa es la democracia, donde ganan los carismáticos, los de aspecto simpaticón, los de cara bonita, los que hablan cosas lindas, aunque en el fondo hablen cualquier cosa. Los que aprender a hablar lo que quiere escuchar el pueblo, los que dicen lo que el pueblo necesita o anhela; y cuando llegan al poder hacen todo lo contrario o hacen lo que le da la gana a su carisma o lo que le obliga la situación o lo que los poderosos le presionan. Y como siempre, luego el pueblo "descarismado" se queja de los carismáticos que eligió, cuando fueron ellos los que se dejaron llevar por el "charme", la cara, las palabras huecas, los discursos preparados. Aparecen los demócratas culpando de su desgracia a los carismáticos y bonitos, cuando ellos los pusieron en las altas esferas del poder. Viva la democracia y los demócratas. Los demócratas no aprenden, siguen creyendo en la democracia, y se mueren creyendo que simplemente se equivocaron al escoger de candidato carismático.

La democracia no es solo presa de los carismáticos sino del marketing político, de ahí que los asesores políticos lo que hacen es buscar a carismáticos para pulirlos como con el programa de photoshop, y si no los hay, intentan crearlos. Actualmente la democracia es la disputa entre los mejores psicólogos de masas y los publicitas políticos. En resumen, no es la persona con las mejores condiciones la que llega a un poder sino la que surge dentro de los carismáticos, y por otro lado, está el toque de los marketistas o publicistas los que ponen a los presidentes, por ello los políticos están a la caza de los mejores engañadores o ilusionistas políticos.

En el mundo indígena, milenario y mundial, no existe la democracia, los partidos políticos, las elecciones, la división en los tres poderes… ni nada de la manera en cómo funciona el sistema civilizatorio en sus versiones de derecha e izquierda. En el sistema-mundo de tipo comunitario, el gobierno se lo ejerce por turno y rotación, esto es, cada año una pareja tiene que asumir obligatoria y responsablemente la dirección de la comunidad. Esto significa que todos pasan alguna vez por ese puesto, sin que exista alguien privilegiado que se quede perennemente, por lo que la alternabilidad es un principio básico.

Esta tarea no es remunerada, es un año de servicio que se ofrece a los demás comunarios, de la misma manera que otros lo han hecho a su turno. La dirección es paritaria, esto es, interviene la pareja, con su aporte masculino y femenino, de ver y de sentir la vida. La dirección es de tipo espiral, esto quiere decir, que la pareja siempre tiene que consultar a la comunidad, especialmente en situaciones complejas y no tomar decisiones a nombre de todos. Cuando se trata de mancomunidades, se forma un consejo de gobierno, con delegados de cada una de las comunidades. Y cuando se forma una reunión o federación de mancomunidades, los representantes de cada mancomunidad constituyen el consejo de gobierno. Y así sucesivamente hasta llegar a la totalidad donde hay un consejo nacional que gobierna con varias personas.

Este sistema de gobierno y de forma de vida, que proviene de ontologías de tipo vital e integral (paradigma tetrasófico), es totalmente diferente al sistema piramidalista, en sus versiones capitalistas y socialistas, pues, no existe gran diferencia entre la concepción liberal y la socialista de gobierno. Ambos creen en el sistema de partidos políticos como el elemento central y básico para el ejercicio de un gobierno, incluso, consideran al partido como la máxima expresión de clase, esto último enarbolado por la izquierda leninista.

Lo que significa, que en última instancia la política es solo para los políticos, el gobierno solo para los partidos políticos, la democracia solo para quienes participan en las elecciones partidistas. En otras palabras, la democracia como monopolio de los partidos políticos. Y dentro de los partidos el privilegio la tienen los carismáticos. Y el mundo sigue dando vueltas mientras los carismáticos de derecha e izquierda la van destruyendo, pero los demócratas siguen sin darse cuenta de que el problema es la democracia.

Tipos de monopolio:

El gobierno como monopolio de los partidos políticos, todo aquel que quiera ser parte de un gobierno, obligatoriamente debe pertenecer a un partido o movimiento político. Lo que quiere decir, que en la práctica la política es solo para quienes son parte de los partidos políticos. En el politicismo extremo o en el fundamentalismo partidista, los políticos que creen que si alguien no pertenece a un partido y se atreve a hacer críticas políticas, es alguien que está usurpando una potestad que no se le ha sido concedida.

El gobierno por parte de una sola persona (autocracia): En este juego político llamado democracia, se le entrega a un solo individuo la potestad de dirigir a millones de personas. Sin embargo, en las democracias con separación de poderes hay ciertos límites, pues puede darse el caso de que un partido gane todos los poderes y controle todas las funciones del Estado, lo que significa que todo queda en manos de una sola persona, como sucedió con los gobiernos progresistas en Ecuador, Bolivia, Venezuela. De ahí, que algunos hablan de dictaduras o de monarquías, pero en el juego democrático es posible esa concentración de poderes y se lo ha visto en gobiernos de derecha y de izquierda.

La democracia presa del voto: La máxima legitimación de la democracia está en las elecciones. El pueblo vota y con ello queda supeditado al elegido, al considerar éste que le fue concedido el arbitrio de manejar a su criterio los destinos de un país. Lo que significa, que la democracia es el acto en el cual el pueblo le entrega el poder a un individuo y posteriormente éste se queda en indefensión, ya que el mandatario adquiere todo el poder que el pueblo le traspasa. Al ganar las elecciones se le conceden todos los poderes, con sus prebendas y ventajas que ello tiene.

La democracia de un día: La democracia solo se abre por 10 o 12 horas y luego se cierra definitivamente, sin que el pueblo tenga otro nivel de intervención directa. El pueblo solo tiene el poder por pocas horas y todo el resto del período de gobierno tiene que simplemente aguantar si se equivocó al emitir su voto. La democracia solo son votos, y el pueblo es un simple papel en el cual firma su sentencia por 4 o 5 años que dure el período de gobierno. Este el juego democrático, en el que el pueblo pierde todo su poder mediante las elecciones. Cada vez que una persona se acerca a las urnas entrega su vida a manos de un individuo. Encima convencido de que ha cumplido con la patria y convencido de que el poder está en el pueblo, cuando en verdad lo ha perdido. La patria y la vida son un voto, y en ese voto está su estrangulamiento o suicidio.

La democracia como forma de quitar poder al pueblo. Si bien el pueblo puede recurrir a la resistencia o a la revocatoria en caso de que no esté de acuerdo con un gobierno, pero el presidente tiene todo el aparato estatal a su servicio, entre ellos, a las fuerzas represivas que son su vanguardia. Lo que quiere decir que el pueblo le entrega en bandeja a ese individuo las fuerzas armadas y policiales para que le repriman y solo defienda al presidente. El pueblo con su voto se condena a sí mismo a recibir la represión, efectivizada por sus propios hermanos policías y militares. En la práctica no hay revocatoria, pues casi ningún gobierno en el mundo ha sido sacado mediante esa vía, de ahí que solo a través de una revuelta o rebelión ha sido posible terminar con un gobierno autoritario.

En síntesis, la democracia consiste en formar un partido político, ganar las elecciones, y entregarle todo el poder al líder carismático, pues, éste normalmente reclama la independencia partidista bajo el argumento de que ahora dirige a todos los habitantes. De esta manera, todo se concentra en ese individuo y todos esperan que ese personaje tome buenas decisiones, pero si son equivocadas deben esperar a que termine su mandato para "castigarle" a su partido político en las urnas o a su heredero.

Esto sucede principalmente en las democracias de los países industrializados, los cuales deben soportar los malos gobiernos bajo el argumento de que así funcionan las democracias sólidas y desarrolladas, esto en otras palabras, significa agachar la cabeza por haberse equivocado en las urnas. Un presidente puede tener menos del 10% de aprobación a su gestión pero nadie dice que se le debe revocar el mandato ni le piden que renuncie y mucho menos piensan en tumbarle del poder, sino simplemente están esperando a que se termine su período, para votar por otro que haya hecho una buena oposición y a quien delegarán el próximo destino de sus vidas. Todos, o casi todos, están convencidos de que no hay otra forma de gobierno, pues, creen que la democracia es la mejor y la más desarrollada forma de organización social y de gobierno que ha creado la humanidad en toda su historia.

Ni derechas ni izquierdas cuestionan a este sistema, y solo critican a algunas formas o métodos de elección o de aplicación, y a lo máximo que llegan es a plantear la profundización o radicalización de la democracia, pero nadie de ellos dice que hay que salir de ella e ir a otra forma de gobierno con otras reglas y métodos de funcionamiento. Todos ellos están de acuerdo con el monopolio de la política en los partidos políticos y en la designación de las autoridades mediante votaciones para quién hizo el mejor espectáculo propagandístico. Nadie de ellos valora o toma como referente al sistema indígena, ni siquiera lo conocen, y si algo saben, lo califican como atrasado o idílico o irreal para este tiempo.

Con lo anotado, podemos también decir que no existe mayor diferencia o distancia entre las dos formas de gobierno que ha producido occidente: la monarquía y la democracia, pues en ambos sistemas el pueblo sigue en estado de indefensión en la medida que acepta el poder de un monarca o le entrega el poder a un individuo llamado presidente. Las diferencias son formales, en los niveles y en los tiempos en que se utiliza ese poder aceptado o entregado.

El proyecto civilizatorio de tipo monárquico o democrático cumple el mismo propósito que es el de someter al pueblo, ya sea por vía del absolutismo o por vía de las urnas. El pueblo, tanto en la monarquía/dictadura como en la democracia, solo es peón o siervo o empleado o mártir, de quienes están en el poder piramidal. Todo lo contrario, al sistema indígena que jamás le entrega su poder a nadie, siempre lo tiene consigo y puede disponerlo en cualquier momento. En el mundo indígena milenario no se desprecia al poder, como se lo enseña en occidente al señalar que el poder es negativo. Esto muy bien le conviene al poder instituido, para lo cual solo van cambiando los personajes y así convencen al pueblo de que su voto tiene un gran poder en las elecciones y que puede cambiar a su libre albedrío a las autoridades de turno que le representan.

Desde la episteme indígena se entiende que todo en la vida es un poder y ese poder hay que conocerlo y cultivarlo, para aprender a convivir en equilibrio entre los diferentes poderes que hacen y constituyen la vida. De ahí, que en el mundo indígena o mutualista lo más importante es el poder interior, al contrario del mundo occidental que solo trabaja el poder exterior: dinero, títulos, armas.

En este sentido, la izquierda no ha sido ni es una propuesta revolucionaria alter-sistémica sino solamente intra-sistémica, de ahí que no haya habido ningún cambio real y profundo hasta ahora en el mundo. Lo revolucionario actualmente viene desde el pensamiento indígena o vital o alterativo (no alternativo), a todo lo cual nosotros lo llamamos MUTUALISMO, con sus versiones particulares de cada región de la madre tierra. Así, en el caso de los Andes, actualmente se lo denomina en lengua kichwa como sumak kawsay y en aymara como suma qamaña. Si bien, la introducción de estos paradigmas en las constituciones de Ecuador y Bolivia es un paso importante, no pueden quedarse como simples enunciados sino que deben revolucionar todo lo construido por el sistema civilizatorio, empezando por la forma de organización social y el sistema de gobierno. Ahí será posible otro mundo y por ende una nueva vida.

Lo peor de todo, es que casi todos aplauden a esta monocracia republicana, se vitorean de que son grandes demócratas y enaltecen a la democracia como el gran sistema de gobierno. Los convertidos en demócratas son bombardeados desde que están en el vientre materno, que llegan a ser felices toda su vida de ir cada 4 años a emitir su voto por el nuevo monarca, convencidos de que en su voto está el poder del pueblo. Y luego se pasan renegando los 4 años de lo que hace o no hace el aprendiz de reyezuelo, pero siguen creyendo en el sistema. Lo único que esperan toda su vida es que cambie el personaje y no el sistema, sin que sean capaces de llegar a ver que el problema es el modelo y no el personaje.

Como zombis adoctrinados se acercan a las urnas con todas las esperanzas y expectativas puestas en un solo sujeto, y siempre terminan decepcionados; pero no se cansan de ir a la democracia de 8 horas para soltar toda su vida en un ánfora llena de papeles. Salen del recinto electoral orgullosos de que son el poder del pueblo y para el pueblo, como les han convencido desde niños. Y cuando están cansados de la fatua democracia reclaman una dictadura, para que sea igual otro solo personaje, éste de mano dura y pensamiento siniestro el que "ponga en orden" a la sociedad. Y después, luchan para terminar con la dictadura de un fascista y recuperar la democracia de un autócrata.

Así actúan todos, sean de derecha o de izquierda. Pero, lo más irónico, es que los de izquierda entregan su esfuerzo, su trabajo, su familia y hasta su vida, a la insulsa democracia burguesa y terminan entregándose nuevamente al mando de una sola persona, llámese Lenin, Mao, Fidel Castro, Chávez, Xi Jinping, Kim Jong-il. A su vez en la derecha, los ricos ponen su plata y los pobres demócratas ponen su trabajo, pero les caen algunas migajas. Los de izquierda se dicen revolucionarios, cuando en toda la historia de la izquierda mundial también han terminado como vasallos del monarca de izquierda. "Revolucionarios" que han escrito millones de páginas y que no han podido pensar en otro sistema. Su socialismo y su comunismo también terminan en un solo emperador.

Ambos creen que todo termina entregándole el poder a una sola persona, y lo más risible es que a eso la izquierda lo llama "poder popular", y salen a las plazas con las banderitas de ese personaje para rendirle honores. El sistema de monarcas de la conciencia monosófica se ha metido en la médula de todos, que creen que ha habido un gran cambio al haber traspasado el poder del rey a un presidente y a unos cuantos asambleístas; cuando es tan solo otra variante del capitalismo y de civilización. Y siempre convencidos de que su país y el mundo cambiará si un día llegan a acertar con el candidato que les haga el mejor show. Todos prostituidos, ofreciéndose al mejor candidato que les ofrezca darles placer y gozo en todos los niveles de su vida. Puta democracia en la que los demócratas venden su vida a este absurdo.

Los esclavos demócratas no saben lo que es el consenso, el acuerdo entre las partes, la conciliación, el consejo, la asamblea. Por miles de años, los "hombres de las cavernas", los "primitivos", los "bárbaros", los "salvajes", los "atrasados", los "inferiores", practicaron todas estas formas y con resultados positivos. Hasta que llegó la civilización, la sociedad "más avanzada", "superior", "inteligente", con su pilche democracia en Grecia hace apenas un poco más de 2000 años. Sistema que fue asimilado por los romanos, quienes a su vez la impusieron a los europeos, y los europeos democratizados al mundo entero. Y así, con sus demás instituciones globalizadas para todos.

La democracia nos ha conducido a la pandemia mundial, al cambio climático, y al caos general, pero nadie dice que hay que cambiar este sistema unipersonal. Creen que el problema es solamente de un sistema económico capitalista o socialista, que no ha funcionado en ninguna parte del mundo. Los esclavos, perdón, los demócratas no quieren dejar de ser rebaños adoctrinados por el monoculturalismo, para pasar a un sistema en el que todos sean autores y actores de su vida. En el que todos sean responsables de su destino, asumiendo la dirección y ejecución de su caminar, decidiendo lo que quiere vivir, y no lo que les impone la democracia y la civilización como modelo de vida.

Los grupos mutuales han trastocado y alterado todo ello, rompiendo con la partidocracia o la dictadura de los partidos políticos, pues, a la final son bandas organizadas para asaltar un gobierno y tomar las riendas de un país. Los partidos son mafias políticas que se organizan para acceder al estado, desde donde repartirse las riquezas públicas en su beneficioso personal y de los grandes pulpos trasnacionales. Las organizaciones mutuales tampoco abogan por abrir la delegación a otras organizaciones de la sociedad civil más allá de los partidos políticos, sino de eliminar toda forma de delegación. El problema es la delegación, que en la práctica es entregar el poder a unos cuántos que no representan al pueblo sino a sus intereses personales y grupales.

Para que sea posible el "poder popular", el pueblo debe tenerlo siempre y jamás delegarlo a nadie. Poder que debe estar en la base, en el conjunto, en la mayoría, y subir por cooptación. Por ejemplo, un barrio urbano o una comuna campesina elige a sus autoridades. Un miembro de ese consejo de gobierno local pasa a formar parte del consejo de gobierno de barrios de un pueblo o de una ciudad, constituyéndose en el portavoz de su barrio o de su comunidad y no de la suya personal. Es simplemente un comunicador o pasador de lo que desea su localidad y que lo ha decidido en asamblea. De este consejo de barrios, salen las autoridades seccionales que conforman el nuevo consejo de instancia superior, de este consejo surgen los consejos regionales, hasta llegar a las instancias nacionales y formar el Gran Consejo.

Una autoridad va subiendo desde abajo y sigue hacia arriba si demuestra condiciones para ello, caso contrario se cae. Nadie está por tiempo determinado sino por el cumplimiento de sus responsabilidades, y puede ser removido o descendido a un nivel inferior en cualquier momento. El pueblo le puede retirar inmediatamente de su cargo, si se siente defraudado en lo más mínimo, tal como se ha dado en algunos lugares cuando muchos cuestionan o critican el comportamiento de una persona y esa autoridad se ve obligada a renunciar o es destituido.

Con esto, se sale del ideologismo y de la polarización derecha – izquierda que solo beneficia a los grupos poderosos. Esta la mayor trampa de la democracia y la civilización, tenerle al pueblo entre un lado y otro para que no pueda ver más allá, creyendo que es lo único y posible que hay. Es indudable que hay ideologías en los grupos mutuales, pero no responden a partidos ni a intereses sectoriales sino a proyecciones generales o globales. Sus acciones están siempre en observación y como su funcionamiento es en redes, tal como en la naturaleza, fácilmente toman acciones correctivas, y el individuo que desarma el entramado rápidamente cae pero la matriz se mantiene, la fuerza está en ese conjunto de redes y no en los individuos en particular.

Como consecuencia, las asambleas en las sociedades mutuales, desde lo local hasta lo nacional y mundial, siempre están en actividad, decidiendo, controlando, ejecutando, fiscalizando, creando, actuando. Las asambleas son convocadas cada vez que hay que tomar decisiones urgentes e importantes, tal como en los referéndums o consultas populares, donde el pueblo decide sobre temas complejos. Hay una coordinación como en una gran telaraña, en la que rápidamente se actúa sobre cualquier situación. De la misma manera, las diferentes instituciones públicas y comunitarias que hacen salud, educación, producción, seguridad, están enlazados; subiendo y bajando las disposiciones y acciones, para que todo el sistema de redes funcione y sea eficaz.

Esto no es nada nuevo, las comunidades ancestrales han funcionado así, y hoy con las nuevas tecnologías sería mucho más fácil el funcionamiento, administración, e interrelación entre todos los conglomerados humanos asentados en territorios pequeños y ensamblados hasta el nivel nacional, internacional y mundial. Con ello, se terminaría con el mundo democrático de los greco-romanos, los que basados en el principio de "divide y vencerás" procedieron a seccionar, dispersar, confundir, a todos los miembros de una sociedad. Todos aislados, defendiendo su feudo, sobreviviendo como puedan; mientras unos pocos arriba tomando las decisiones y robándose lo que más puedan, legal o ilegalmente.

Es fundamental la eliminación de los partidos políticos y toda forma de organización reivindicativa, porque solo son feudos de ciertos personajes que dicen luchar por el resto. Esto, además, contribuye a la fragmentación social, a la división en clases, razas, género, sexo, extranjeros, etc. Enfrentar al clasismo no significa fortalecer la lucha de clases creadas por el capitalismo, sino el propender a su desaparición. Y la desaparición no viene porque el proletariado o los de abajo se monten o aniquilen a la burguesía o a los de arriba, sino, por propender a la horizontalización para eliminar el piramidalismo. Los comunistas creyeron que debían tomar el poder burgués, instaurar una dictadura de clase, y ellos arriba se encargarían de terminar con el capitalismo. Lo que crearon es neo monarquías que instauraron regímenes tiránicos a pretexto de combatir a la burguesía, reproduciendo el mismo piramidalismo que decían combatir.

Las izquierdas en su idealismo ideológico y con sus innumerables fracasos, lo único que hacen es crear las condiciones para que la derecha y los ricos tengan los argumentos para vociferar de que los revolucionarios, los de abajo, el pueblo, no están capacitados para dirigir, y que mas bien, traen mucho más hambre que la que ellos ocasionan. Paradójicamente, las izquierdas que dicen luchar por los pobres, han terminado creando las condiciones para que lleguen nuevas olas de mayor sometimiento por parte de la derecha. Siendo ese el peligro en el que ahora nos encontramos, de que los derechos de las mujeres, de la naturaleza, de los animales, de los homosexuales, etc. sean desbaratados, bajo la acusación de que representan intereses de la izquierda marxista o de la "dictadura progre", y a pretexto de ello desmonten lo poco que se ha logrado. El fracaso de la izquierda implica el fracaso de los pueblos, no es el fracaso de un partido sino de todos los desprivilegiados. La izquierda colonizada se convierte en una traba para transformaciones profundas, antes que en aliada o generadora de cambios.

Por otro lado, hay un proceso de asimilación de los grupos que fueron discriminados por cientos de años por la civilización, al sistema estatuido. Las mujeres hasta 100 años no tenían participación ni representación en las instituciones piramidalistas, y con su lucha han entrado a ser parte de estas instituciones, lo cual a primera vista parece meritorio y valorable, pero en última instancia lo que han hecho es proceder a reforzar el institucionalismo establecido y con ello encumbrando y consolidando lo mismo. El asunto no es abrir las instituciones a las mujeres, a los negros, a los ecologistas, a los migrantes; sino el de cambiar las instituciones, de rehacer todo el sistema con nuevas formas de organización y de funcionamiento.

Los grupos mutualistas lo han entendido muy bien y no han caído una vez más en la trampa, han procedido a crear otras instituciones, las que funcionan en forma horizontal, y cuando están en redes más amplias funcionan en forma vertical; de esta manera en las concepciones mutualistas sí existen y se respetan las jerarquías. No hay un horizontalismo que sería el otro lado del verticalismo. Funcionan tal como en la naturaleza, los entornos de abajo sostienen a los de arriba y viceversa.

Ese es el mutualismo, un sistema que reproduce a escala humana el sistema de la vida, es mutual porque los unos sostienen a los otros, la ayuda como sentido de existir y de vivir. La civilización despreció todo ello, alejándose de toda forma que reproducía a la naturaleza, creando sistemas contra natura que en apenas 3000 años han destruido al planeta, que a la naturaleza o la vida le tomó millones de años en construirla. Los sistemas comunitarios no fueron perfectos ni ideales, y de lo que se trata es de pulirlos, perfeccionarlos, consolidarlos. Eso pretende el mutualismo, aprovechar de toda la experiencia acumulada para recrear sistemas vitales. La civilización es desvitalización y el mutualismo es vitalización.

No se propugna el regresar al pasado, algo imposible, sino de aprender de todo lo vivido, para ir a un nuevo nivel, y ese

significa la ampliación y perfeccionamiento de los sistemas
sociales comunitarios que han existido en todo el mundo por
miles de años. Mas bien dicho desde siempre, desde que existe
el ser humano funcionó así, habiendo tan solo una ruptura y un
hueco con la etapa llamada civilización, y que ha puesto en
jaque a la humanidad. La pandemia del coronavirus es otro
jaque a la especie humana, y si la humanidad no logra aprender
de todo ello vendrá el jaque mate. Ningún sistema ha puesto en
esta situación a la humanidad en su conjunto, solo la
civilización con su capitalismo nos ha puesto en esta situación
de vida o muerte.

Destruir ó construir

Los movimientos mutuales en sus diferentes variantes y formas,
han optado como acción y estrategia de transformación social el
no ocuparse en destruir lo viejo, caduco, legal, oficial; sino en
construir algo paralelo, sin que esto signifique no enfrentar o
cuestionar a la civilización y al capitalismo con todas sus
estructuras e instituciones. Lo principal es reconstruir
nuevas/ancianas formas de vida, para que sea algo concreto y
práctico, y no meras elucubraciones teóricas del "hombre
nuevo" o del "nuevo mundo". Buscan ser un ejemplo a
reproducir, para que surjan nuevas luces en más lugares, para ir
sembrando nuevos centros que comiencen a reverdecer a su
alrededor.

No todos los grupos mutuales actúan de la misma manera y
concepciones, hay grupos que están o funcionan dentro del
sistema, otros que están con un pie afuera y el otro adentro, y
otros que están afuera. Hay desde proyectos personales,
emprendimientos grupales, hasta acciones locales; en este
último, hay el caso de algunos pueblos que han optado por una
transformación profunda a lo que habían sido. Por ejemplo, la
comarca de Marinaleda en la provincia de Sevilla en España, o

el pueblo de Loos-en-Gohelle en el norte de Francia. Marinaleda es un municipio que basa su economía en la producción agropecuaria y con un sistema social que ha logrado un alto índice de vida, con pleno empleo para toda su población. Loos-en-Gohelle fue un pueblo minero y ahora es un pueblo ecológico, y en el cual muchos ahora se inspiran en su modelo para reproducirlo en otros lugares. Después de un cambio psicológico de sus habitantes, avanzaron a un proyecto sostenible, participativo, ecológico, racional, con grandes resultados.

Las comunidades indígenas de Chiapas (lideradas por los zapatistas) y otras comunidades autónomas en Oaxaca, México, han optado por también hacer una especie de auto aislamiento, para poder reconstruirse o rehacerse desde adentro en sus propias formas. Son pequeñas naciones-estado (si cabe el término) dentro del Estado mexicano. No han renunciado a ser parte de México, pero tampoco son esclavos del estado mexicano. Tienen otra forma de gobierno al liberal republicano y que ellos le denominan el Buen Gobierno y que sigue la línea social y política del paradigma integral del Buen Vivir.

Todas sus instituciones están basadas y funcionan en otras concepciones y prácticas de la izquierda comunista o marxista, con lo cual van reconfigurando y acentuando sus sistemas ancestrales o milenarios. No les interesa consolidar el capitalismo, para crear las condiciones para el socialismo, que permitan llegar al comunismo. Ellos ya están viviendo en un sistema mutual y les han demostrado a los comunistas que es posible un mundo nuevo sin pasar por sus etapas ni hacer sus largos recorridos. Paralelamente, los zapatistas hacen acciones para enfrentar al capitalismo, al estado, a los partidos de derecha e izquierda, y a todo lo que forma parte del sistema civilizatorio de tipo mexicano. Incluso, intentaron poner una candidata en las últimas elecciones presidenciales, aunque más fue una táctica para desnudar la falsedad y el anacronismo de la democracia.

Otro caso a resaltar es el de algunas comunidades kurdas en el Asia, las que antes seguían la línea marxista leninista y que posteriormente optaron por continuar y perfeccionar las formas comunitarias propias. Se dieron cuenta que las teorías comunistas no eran lo que necesitaban, sino que más bien representaban otra forma de perder sus conocimientos y las experiencias naturales de sus ancestros. El comunismo no representaba una forma de transformación a mejores condiciones, sino otra forma para terminar con los sistemas comunitarios.

La izquierda resultó más peligrosa que la derecha en todo el mundo, pues en los gobiernos conservadores las comunidades se mantuvieron y en los de izquierda a pretexto de proletarizarlos para construir su socialismo procedieron a desmantelar a las milenarias comunidades, a las que también consideraban formas atrasadas, antiguas, y ante todo, un impedimento para construir su socialismo y su "comunismo científico".

Así hay otras experiencias en distintas partes del mundo, tratando de fortalecer y recuperar los sistemas milenarios comunitarios, entre las que sobresalen las experiencias empujadas por los pueblos indígenas sobrevivientes en Latinoamérica, África y Asia. Pero no todas han seguido este camino, algunas comunidades han reaccionado muy tarde en este propósito, y otras siguen en los tentáculos de la izquierda socialista y se van desarticulando paulatinamente. Sin embargo, hay una izquierda que ha reaccionado y tibiamente comienza a actuar diferente, pero lamentablemente ellos quieren estar a la cabeza y pretenden construir un "socialismo comunitario", que a la final resulta otra trampa para el movimiento mutualista que una ayuda o colaboración.

Esto no significa ser anti izquierda, sino el manejarse prudentemente pues sus intenciones pueden ser plausibles aunque su dogmatismo y sectarismo es elocuente, por lo que el movimiento mutualista prefiere a momentos andar solos que mal acompañados, o caminar igual a igual que dejarlos que ellos tomen la posta y los dejen atrás.

Resumiendo. El asunto es de ontologías, de epístemes, de concepciones, de creencias. En eso nos dividimos los seres humanos. En la historia de la humanidad se han expresado básicamente dos concepciones, una vitalcéntrica y otra antropocéntrica, o heliocéntrica y geocéntrica, o indígena y civilizada, o animista y religiosa, etc. El paradigma antropocéntrico puso como referente al varón europeo como el centro del mundo, y todo funciona dentro de esta categoría, desde dios, la democracia, los partidos políticos, hasta las calles y los autos, todo tiene una impronta machista y patriarcal. Ésta es la diferencia principal, las otras son secundarias o subyacentes a ésta.

El paradigma colonial en su conquista del planeta ha puesto a discutir al mundo sobre sus prototipos. Hoy casi todo gira alrededor de lo que ellos han creado como centro y las periferias solo deben acoplarse o desaparecer. No importa si son de derecha o de izquierda, todos giran sobre lo mismo, solo se diferencian en si el ESTADO es capitalista o ESTADO socialista, DEMOCRACIA liberal o DEMOCRACIA comunista, DESARROLLO económico o DESARROLLO sostenible, etc. Mientras desde fuera se plantea otras instituciones y otras condiciones a lo producido por el eurocentrismo.

Lo revolucionario o nuevo o diferente es de tipo ontológico o fundacional, es decir, no son los cambios radicales que se den al interior del paradigma antropocéntrico, pues lo único que hacen es prolongarlo en el tiempo, ya han pasado 500 años y la humanidad sigue dándose las vueltas sobre el mismo disco rayado o queriendo morderse la cola como los perros locos. La izquierda, históricamente y en todo el mundo, solo le ha disputado a la derecha el otro lado del mismo paradigma civilizatorio. Solo la alteridad ha ido más allá, y particularmente desde el sumak kawsay como teoría política, pero además filosóficamente, rompiendo y cuestionando el esquema capitalismo-socialismo y todo el racionalismo reduccionista creado.

La mayoría de personas y de intelectuales siguen atrapados en el esquema reduccionista y se disputan sus conceptos y creencias, a un lado o al otro del mismo modelo. Han pasado 500 años y no descubren otros paradigmas, viven junto a él pero lo siguen mirando racializadamente y lo desprecian. Lo único que vale es lo producido por lo "blanco" y lo demás son "solo" de los Otros o los Ningunos. El "blanquismo" pone el juego y las reglas, y todos juegan a su juego. Y a este juego, cuando la izquierda gana o pretende ganar, lo llama revolucionario. Esto es un eufemismo. No importa sin son las izquierdas progresistas o las radicales, todos juegan a ese juego, participando de sus instituciones, de sus creaciones y de sus expresiones, en la vida cotidiana y en lo público.

Después de 500 años emerge la alteridad, la otredad, lo indígena, lo vital; y rompe con los esquemas normalizados que han hecho de esta forma de vida algo natural; pero que igual a la pandemia del coronavirus, no será el virus ni la vacuna la que cambie la vida sino la decisión de las personas para cambiar a otro estilo de vida. El virus es el capitalismo y la vacuna no es el socialismo, sino otras ontologías y epistemes fuera de este paradigma colonial denominado derecha e izquierda, dicotomía que existe, pero que es solo un problema al interior del mismo paradigma reduccionista. La disyuntiva tiene otros niveles y matices, que el reduccionismo no lo puede ver, muy diferente al paradigma integral, holístico, complejo, cuántico, (en síntesis: tetrasófico).

Evidentemente, que hay una confrontación en el paradigma antropocéntrico, y que ellos denominan de izquierda-derecha, pero el asunto está más allá de este axioma. Es decir, existe esta dualidad, pero como una parte de otras mayores. Dicho de otra forma, hay una izquierda colonial o colonizada y una izquierda decolonial. Esta última tiene diferencias de forma y de fondo con la izquierda colonial, y evidentemente con la derecha. La izquierda colonial y dogmática califica a la izquierda decolonial como romántica, extremista, esencialista, regresiva, pachamamista, etc. La izquierda colonial es una izquierda conservadora que resiste a los cambios, que no quiere revolucionar sus concepciones. De ahí, la urgencia de descolonizar las izquierdas, si se quiere un cambio profundo y real, sino lo que tendremos es más eufemismos.

La Revolución Climática

Indudablemente que el proyecto mutualista es muy difícil que cuaje rápida y fácilmente, pues la mayoría de la población está atrapada en los esquemas civilizatorios, capitalistas, antropocéntricos. Incluso, sería de largo aliento el lograr implantar sistemas mutuales en todo el mundo, con la posibilidad de que sean atacados y desmantelados por fuerzas oscurantistas.

Sin embargo, hay tres cosas que impulsan a seguir por este camino de construcción o de recreación. El primero, es que no se puede esperar a que cambie el mundo para que recién lo vivan las generaciones futuras, sino, que en este cuerpo y en esta situación se puede disfrutar en alguna medida lo que sería otro mundo. El cambio no viene porque otros lo cambien, sino porque se comienza a cambiar ahora y aquí. No se trata solo de soñar y de luchar por terminar con este mundo, sino de vivir el otro mundo aunque sea entre pocos. Lo otro es quedarse en la comodidad, de que es difícil o de que es algo para después de tomarse el poder o para luego de derrumbar el capitalismo.

La segunda motivación es la crisis ambiental, es la convicción de que hay que actuar frente a ello, lo que implica cambiar el estilo de vida consumista y contaminador por uno sustentable. Obviamente que la acción de estos grupos mutualistas todavía es mínimo, pero alguien tiene que empezar y de eso se trata este movimiento, de ir ajustando los procesos para que luego se propaguen y se conviertan en modelos para que otros puedan seguir. Su respuesta es asumir la vida en forma práctica y no en la teoría, sintiendo en carne propia lo que es vivir diferente a lo que ha sido normalizado como políticamente correcto.

La tercera tiene que ver con la posibilidad de que finalmente ya llegue el cambio climático, es decir, que aumenten las inundaciones, sequías, alteraciones de temperatura, nuevas pandemias, guerras, etc., y afecten más seriamente a la vida humana sobre el planeta. En esta situación, las más afectadas serían las ciudades que son los sistemas más frágiles; los países más tecnologizados, materialistas, consumistas; los sectores pobres que tendrían menor capacidad de resiliencia. Lo que conlleva una actitud de previsión por los grupos mutuales ante una probable situación catastrófica, aun cuando hay quienes creen que se puede revertir o que habrían las condiciones para salir librados de una situación de esa envergadura. Ni que hablar, de los que creen que no existe el cambio climático o que no habrá nada dramático sino que será eventual y excepcional.

Personalmente, compartimos con aquellas concepciones de que el único que podrá realmente hacer un cambio total será la Madre Tierra. Los seres humanos civilizados y libres han demostrado una vez más en la pandemia del coronavirus que no están dispuestos a hacer cambios estructurales, que todo queda en una retórica, y por otro lado, que los organismos mundiales pueden llamar la atención, pero los gobiernos y los empresarios piensan más en la economía que en la vida. Primero es la economía han declarado, y de alguna manera todos quedan atrapados en esta situación, pues los pobres si bien no morirían por el covid morirían de pobreza o de otras enfermedades o por causas ambientales. No protegen la vida sino a la economía, evidentemente al dinero de los privilegiados. La vida de los demás solo importa mientras haya la necesidad de mano de obra, aun cuando ya están soñando que pronto sean robots los que hagan los trabajos y no se necesiten de muchos seres humanos.

Creemos que la revolución que muchos esperan, no vendrá directamente por obra humana sino por obra de la naturaleza. La revolución climática es la revolución de la madre tierra para reordenarse o restituirse, pues como todo organismo vivo tiene capacidad de readecuación. La revolución de la madre tierra es la única que logrará cambiar de raíz todo este mundo. El coronavirus es otra voz de alarma, pero pocos lo han escuchado y peor lo han entendido, por lo que es evidente que el ser humano y peor el capitalismo lo detendrá ni controlará la situación del cambio climático.

En un panorama dentro de estas condiciones, los que tienen más probabilidades de sobrevivir son justamente los movimientos mutuales, especialmente los más radicales, que ya no dependen de la civilización sino que son bastante autónomos. Y los que estarían todavía en mejores condiciones serían los denominados "pueblos en aislamiento voluntario" que están en su mayoría en la amazonia, que tienen otras condiciones de adaptabilidad y de resciliación ante una situación calamitosa de vida o muerte.

La pandemia como reacción de la naturaleza está poniendo en claro que el ser humano es muy frágil y que un simple bicho puede exterminar con muchos. Le ha dicho al ser humano prepotente, que la naturaleza no necesita de la humanidad, pero ésta no podría existir sin ella. Le ha dicho que si no se detiene en su afán de conquista, y hace una normalización dentro de otro modo de vida, sus días están contados sobre la faz de la tierra. Pero como hemos visto no hay ningún cambio real. Seguramente será otra pandemia biológica o de otro tipo, la que obligará al ser humano sobreviviente a aceptar definitivamente que no puede ni debe seguir manteniendo y prolongando este sistema.

Ahí es cuando el movimiento mutual tendrá la aceptación, la acogida, y será la guía para sobrevivir y reconstruir la vida de otra manera. Ellos serán los que tienen las orientaciones y los medios para salir de toda esta situación. La esperanza son especialmente los pueblos ancestrales, los guardianes de la tierra, los seres de sabiduría, los que tienen las llaves a la pandemia de la civilización y su capitalismo. Los que hoy son considerados salvajes, primitivos, atrasados, incultos, incivilizados, serán los que pasarán a ser los maestros del nuevo mundo.

El nuevo mundo será la terminación de la civilización como tal, es decir, a través de una trans-civilización, por un mundo integral, cósmico, circular, complementario, recíproco, equitativo. Paradigmas y categorías totalmente diferentes a los que ha impuesto la civilización, creando la etapa más atroz en toda la historia de la humanidad, no hay época más terrorífica que la que se ha vivido en estos últimos 2000 años.

El mutualismo saca provecho y ventaja de todo ello, aprende de la experiencia acumulada, no propone nuevas aventuras, sino que sistematiza, ordena, e impulsa a otro grado la experiencia vivida, tomando lo positivo de la civilización para reconstruir la vida en una nueva situación. Ya unos pocos lo están viviendo y demostrando que es posible. Cuantos más se unirán.